筑摩選書

桂木隆夫
Katsuragi Takao

保守思想とは何だろうか

保守的自由主義の系譜

保守思想とは何だろうか　目次

保守思想とは何だろうか

保守的自由主義の系譜

凡例

一、本文全体を通して、引用文中の［　］と傍線は桂木が付したものである。

一、福澤諭吉の著作の引用は、必要に応じて現代文風に改変した。

一、引用文の頁数は本書末尾の「参考文献」の頁数である。

はじめに　保守思想とは？　保守的自由主義とは？

思想とは何か

近代以降一般に思想とは、理性と言語を有する人間がいろいろ考え議論して作り上げたものであり、したがってよりまとまっていて首尾一貫しているものが思想としてより優れていると考えられている。例えば、本書で取り上げられる自由主義や保守主義、立憲主義と法の支配は、人々が理性を用いて考え、議論して合意した結果であり、それゆえに人々に対して正しい方向を示すことができると一般に主張される。

だが、本書はそのようには考えない。むしろ思想とは誤解を恐れずにいえば、言語を有する人間の感情が生み出したものである。それは最初、むき出しの欲望、物欲や権力欲や名誉欲、嫉妬や妬みがぶつかり合う中で、人間が言葉と想像力を用いて作り上げた言説であり、ときに空想や狂信となり、多くの争いや過ちの種となり悲劇を生み、そうした数々の失敗を経て、最初は鋭く対立すると思われた言説が現実の壁にぶつかってエネルギーをそがれて温和化し、それぞれ所を得て一つのまとまった形を成したものである。

だが、これまで思想はそのようなものとして考えられてはこなかった。むしろ、思想は徹頭徹尾「理性的」に論理的に一貫して考えられることによって、より優れたものになるとされてきた。現代の我々が思想の代表と考える十七世紀から十八世紀にかけて西洋に成立した社会契約説は、そのような方向性を有していた。つまり思想は体系的で論理整合的な理論を目指したのである。それが現在我々の手にしている社会科学の諸理論である。こうして思想は理論となり、人間の社会現象についての様々な仮説によって論理整合的な説明力を獲得し、社会の制度化における正当化根拠を与えてきた。だが理論は、それが依拠する仮説がより体系的で論理整合的であればあるほど、現実の人間生活から遊離する弊害を伴っている。特にその仮説が普遍的原理として妥当性を有すると見なされる場合には、理論はイデオロギーとなり、現実の人間生活に対して非現実的でしばしば非人間的な制度的処方箋を主張するようになる。もちろん、このように述べたからといって、社会現象に対して様々な理論仮説が有している説明力と有用性を否定するわけではない。むしろその有用性を認めた上で、それとは異なる方向性を持つ思想の意義を強調したい。理論がどのように精緻化し体系化しても、思想が理論に還元されることはない。思想は理論とは別の方向性と意義を有している。

思想とは、人間が人間という現象の内にある矛盾を我慢しながらバランスを取って折り合いをつけながら、理論や仮説を紡ぎだしている状態を表現するものと考えた方が良い。もちろん思想は人間の言葉が紡ぎ出すものである以上、ある程度の一貫性は必要でありそれが理論や仮説となって現れるのだが、論理整合性や体系性は理論や仮説の本質であって、思想の本質ではない。もっと言えば、整合性や体系性は思想が紡ぎ出す理論や仮説にとっての生命だが、思想の生命は紡ぎ出された理論や仮説が独り歩きして現実から遊離しないように、整合性や体系性が持つ不寛容に対して、現実とのバランスと寛容を模索する懐疑と批判の営みである。しかし残念ながら、人類の歴史は、思想がその生命である懐疑と批判を放棄し、整合性と体系性を身に纏ってイデオロギーに堕し、空想と仮構によって多くの悲劇を生み出してきた事実に満ちている。

そこで本書では、思想についてのこのような理解に立って、思想としての保守的自由主義の可能性と意義について考えてみたい。

イデオロギーという病

人類は、文明の進歩を可能にしたと同時に、様々な悲劇と災難を引き起こしてきた。二十世紀は二度の世界大戦を含む戦争の世紀だった。だが、その反省に立つはずの二十一世紀に入っても、現代世界はグローバルエコノミーの急激な発展と絶望的なほどの貧富の差を生み、それが宗教原理主義と結びついたグローバルテロリズムの温床となり、さらに地球温暖化がもたらす気候変動や二〇五五年には百億人を突破するといわれる人口爆発が生み出す諸問題によって、人間文明の持続可能性について深刻な疑念が生じている。

思想としての保守的自由主義から見ると、この苦境の原因は現代社会がある病にとりつかれていることにある。それはイデオロギーという病である。それを象徴する出来事は、二十世紀の終わり一九八九年十一月に起きたベルリンの壁の崩壊と二十一世紀の初め二〇〇一年九月に起きたニューヨーク同時多発テロである。ベルリンの壁の崩壊は「自由の普遍的勝利」という病をもたらし、ニューヨーク同時多発テロは、イスラム世界と西洋世界の双方に、宗教原理主義あるいは復古主義という病を生み出した。このイデオロギーという病に取り憑かれることによって様々な危機が生じつつある。

ベルリンの壁の崩壊以後、グローバルな資本主義に対する健全な懐疑は鳴りをひそめ、むしろそれを正当化する新自由主義のイデオロギーが勢いを増し、それに対して、急速に拡大する貧富の差の是正と福祉の人権を主張する平等主義のイデオロギーとの対立が深刻化している。また、ニューヨーク同時多発テロの衝撃とイスラム原理主義のインパクトが、偏狭なナショナリズムと宗教原理主義あるいは復古主義や、ポピュリズム的民主主義と独裁など、様々な病理現象を生み出している。

保守のねじれと自由のねじれ

思想としての保守的自由主義は保守と自由の相補性ないし順接を説く。だが一般の見方では、保守と自由は対立という感覚が強い。保守というと、なにか新しいことをやろうとするのを押さえつけるというイメージがある。逆に自由は、保守が大切にしてきた伝統を蔑視し否定するというイメージである。だが、この対立の起源を辿っていくと、保守と自由のそれぞれの観念のねじれが見えてくる。その二重のねじれが保守と自由の対立を生み出しているのである。
　保守とは、古の理想に復するということではない。保守とは復古主義のことではない。確かに、そうした考え方は、いつの時代どの社会にも存在する。欧米では **good old days**（神々と人間が和合する古き良き時代）とか、**good old law**（神が定めた良き古き法）という観念があるし、イスラムの宗教的原理主義と結びついた復古主義があり、日本でも『日本書紀』にある「惟神《かんなが》の道」と天照大神の誠に復すべしという復古神道は依然として根強い。だが保守とは、復古主義や宗教原理主義のことではない。それはむしろ、近世以来それぞれの社会に残ってきた世俗的秩序の伝統を指す。それを復古主義や宗教原理主義が否定する。これが保守の観念に見られるねじれである。
　たとえば、現代の保守観念を代表するナショナリズムは、本来、中世以来の神学的秩序と宗教原理主義を否定することによって成立した世俗的秩序としての国民国家の思想であるにもかかわらず、宗教原理主義の残滓を払拭できずにいるどころか、宗教原理主義あるいは擬似宗教原理主義としての復古主義との結びつきを強めつつある。[1]
　また自由とは、欧米の近代合理主義が主張するような、理性的存在としての人間が生まれながらに持っているとされる超越的自由ではない。しかし、デカルトからロックを経てカントに至る近代自由主義思想の歴史は、自由の本質を神が人間に与えたもうた理性にあるとする理神論と合理主義的啓蒙主義の歴史であった。この意味で、自由主義もまた神学的発想から抜け出ていない。そしてこうした超越的自由の理念は、フランス革命に見られるような急進的自由主義を生み出し、現代世界においても、全く形を変えて、市場原理主義の主張として、既存の政治経済秩序を否定するグローバルな資本主義の原動力となっている。

保守や自由をイデオロギーとして、超越的で絶対的価値として考えると、互いに排他的で対立する関係になってしまう。それに対して保守的自由主義は、保守と自由が共にそれぞれの社会の歴史的文脈に依存する世俗的価値であり、両者は相互に緊張した関係に立ちつつも、基本的に相互依存的で順接の関係に立つと考える。これを一般的に、やや図式的に述べるならば、保守とはそれぞれの国の失敗と成功の歴史の中で培われつつある（残ってきつつある）伝統の尊重であり、自由とはその伝統の中で人々によって享受されるものである。

日本という文脈で、この保守と自由の相補性を理解するためには、保守と自由の二重のねじれを解きほぐす必要がある。一つは、復古主義のイデオロギーに代えて、日本の歴史とりわけ近世以降、徳川時代を通じて残ってきたものを保守すべき価値として尊重することである。それは天皇親政や権力集中を求めることではなく、徳川時代に育まれた権力平均の治風を再認識し尊重することである。もう一つは、自由を日本という文脈から切り離された自由イデオロギーと考えるのではなく、自由が日本の歴史と伝統の中に権力平均の治風として息づいていることを認識することである。

保守とは徳川時代の権力平均の治風という伝統であり、その中に自由が息づいている。保守的自由主義者として、この保守と自由の順接を主張した論客が福澤諭吉であり、それを彼は、明治初期の『学問ノス、メ』や『文明論之概略』から明治十五年以降の「官民調和論」やさらに『国会の前途』などの論考に至るまで一貫して主張した。だが残念ながら、この考えは明治の政治体制に反映されることはなかった。むしろ明治の政治体制は、保守を復古主義イデオロギーとみなし自由を抽象的イデオロギーとみなすことによって、保守と自由の対立を生み出し、その結果、明治の立憲主義は一八八九年の憲法制定から十五年戦争が始まる一九三一年までの四十二年間で、一八六八年の明治維新から数えても六十三年間で、潰えることになった。

1　日本という文脈で言えば、日本のナショナリズムと国民国家の基盤は本来、世俗的秩序の伝統と宗教上の世俗主義あるいは現世利益《りやく》の信仰であり、その起源は戦国時代末期から江戸時代に求められるものであるにもかかわらず、明治維新の始めにおいて復古神道と結びつき、さらには戦前の一時期、国体明徴運動で唱えられた「現人神」の国体論などによって病的に歪められた。復古主義は、復古という主張の中に日本の歴史と社会という根っこを有しているように見えて、実際には失われた過去の幻影を追い求めている空想的観念論であり根無し草に過ぎない。

保守思想とヒューマニズム

保守思想は、誤まりうる存在としての人間を出発点に据えるという意味での人間中心主義から出発する。それは、人類が神学的復古主義的発想から脱してヒューマニズムへと歩み始めたときを出発点として、それ以降、我々の社会に残ってきたもの、自由経済と自由な民主政治という世俗的自由の伝統を保守し持続可能なものとして維持すべしという考え方である。西洋ではこの発想の転回はニコロ・マキャヴェリの『君主論』(1513)および『ディスコルシ』(1517)を出発点として、十六世紀から十八世紀にかけて生じた。[2]

ここで、ヒューマニズムについて少し説明する必要があるだろう。本書で述べるヒューマニズムとは、一般に言われているような博愛主義のことではない。「ヒューマニズムとは博愛主義のことだ」と言った途端に、「神が人間に博愛の精神を与えたもうた」という神学的発想の罠にはまってしまう。この罠から逃れるためには、ヒューマニズムが懐疑主義に基づくこと、しかしその懐疑主義は悲観的なものではなく、健全で生産的なものであるという立場に立つほかはない。それは、人間が利他的な存在でもあり利己的な存在でもあるという人間存在についての冷静な認識に立って、そうしたいわば不完全な人間が、様々な問題を引き起こしそれを様々に解決しそれがまた新たな問題を生み出すという試行錯誤のプロセスを通じて、「自由と秩序」の問題に対処してきたとする立場である。

われわれ人間は、「自分たちは他の生き物とは違う、特別な存在だ」と思いたがる度し難い性向を有している。本書で取り上げるフランク・ナイトは「人間は反社会的な社会的動物 **antisocial social animal** であり、夢想的な愚か者 **romantic fool** である」と述べているが、人間のこの存在性格を否定することはできないだろう。[3] だが、ヒューマニズムは元々、この人間の存在性格を認めた上で、完全かつ絶対的な存在である神のもとから離れて、脆弱で不完全な存在である人間がそれでも何とか自らの能力によって人間社会の自由と秩序を作り上げようとするところに出発点がある。その意味で、不完全な人間中心主義と可謬主義であり、あらゆる原理や真理の源泉への懐疑を出発点としている。特定の原理や価値に行動の基準を求めるのではなく、未来への健全な懐疑に基づきながら、複数の原理や価値のバランスの模索と自由な投企と不確実性の受容の積み

2　ヒューマニズム（人間を出発点とする思想）は西洋に固有のものではない。日本でも十六世紀から十七世紀初め、戦国時代から江戸時代初期にかけて、中世以来の神学的発想からヒューマニズムへの転回が生じた。それゆえ、日本のヒューマニズムと保守思想の出発点は、戦国時代末期の織田信長の「天下布武」から徳川家康の「天下泰平」という考え方にある。信長は一向宗などの超越的来世信仰と殉教の思想を否定して「天下布武」の旗を掲げ、それを受けて家康は「天下泰平」の政治秩序を構想した。そして本書で、福澤諭吉を保守的自由主義者として、日本のヒューマニズムと保守思想の出発点として徳川家康の統治思想を高く評価しつつ自由主義を主張する思想家として位置づけたのも、この考え方の延長線上にある。なお、これについて、桂木隆夫（2014）、第一章「日本のヒューマニズムはどこから来たか」、第二章「君主的ヒューマニズムと徳川期の公共思想」を参照。

重ねから残ってきたものを「一応の」行動の基準として尊重する。と同時に、更なる将来の不確実性に対する投企と試行錯誤を容認する。いわば、保守的漸進主義である。

本書で保守的自由主義の出発点と位置づける十八世紀スコットランドの哲学者デヴィッド・ヒュームは、この保守的漸進主義の発想の基礎を人間の科学 the science of man と呼んで、現代風に言えば社会科学と人文科学の全ての領域に適用した。

保守的自由主義の三つの特徴

これまで論じてきたように、保守思想のエッセンスは、「保守か自由か」ではなく「保守と自由」という発想であり、それは人類が神学から脱却してヒューマニズムへ向かい始めた近世を起点とし、また原理主義から健全な懐疑主義へという認識論的転回を伴っている。そして本書はその思想的表現を保守的自由主義と呼んで、その思想の内実をデヴィッド・ヒュームと福澤諭吉とフランク・ナイトという三人の思想家に焦点を当てて明らかにしようとする。

このうちヒュームは十八世紀のスコットランドの哲学者であり、福澤諭吉は十九世紀の日本の思想家であり、またフランク・ナイトは二十世紀のアメリカの経済哲学者である。彼らは互いに生きた時代が異なるし、また彼らが活躍した政治的、社会的、経済的な文脈も異なっている。[4]だがそれにもかかわらず、彼らの間に何らの共通点がないかというと、そうではない。それは彼らのおかれていた思想的環境に関わる。彼らはいずれも、宗教原理主義と合理主義的自由主義の狭間において、そのいずれの立場にもコミットせずにその懐疑主義と中庸の立場を模索した。ヒュームは、当時の激烈な宗教対立を含む啓示宗教（啓示の真理）と啓蒙主義（理性の真理）の間で、

3　人間が夢想的な愚か者であることは、たとえば、「人間も他のあらゆる生物と同様、進化のプロセスから生み出された」と主張する進化論が、いかに長い間、そして現在もなお神学的発想から抜け出ることができていないかを考えればわかる。

ブライアン・スウィーテクによれば、『聖書』「創世記」の天地創造の神話が否定された後も、「神は生物の多様な豊かさを生み出し、その多様性のヒエラルキーの頂点に人間を据えた」という神の御業（摂理）としての自然のメカニズムという観念は根強く残り（スウィーテク2011, 27-28、以下頁数のみ）、初期のダーウィンもまた、「自然は神の慈愛に導かれ、注意深く設計されている」という考え方に強く影響されていた（69-70）。

そしてこの考え方を克服するためには、自然のメカニズムは神の慈愛に基づくのではなく、生存競争と淘汰（劣った種の絶滅）に基づくという進化論が確立されねばならなかった。しかし、進化論が確立された後もなお、「人間の進化は特別だ」「人間は劣った種との生存競争を勝ち抜いた頂点に立つホモサピエンスである」という観念は根強く残っている。これについて、スウィーテクは次のように述べている。「どれほど私たちが望もうとも、人間へと向かう上り坂は存在しない。……私たちは、かつて豊かに枝葉を伸ばした木の、最後に残された頼りない小枝に過ぎないのである。しかし愚かにも、私たちはその孤立を、生命の過酷なレースで真の勝者になった結果だと誤解しているのだ」（394）。われわれはこの言葉に含まれた意味、「ホモサピエンスであるわれわれもまた、ヒト亜族という劣った種の最後の生き残りとして絶滅の可能性がある」という考えに首肯することができるだろうか。それとも、われわれは依然として特別で永遠不滅の存在だと思っているのだろうか。

彼独自の健全な懐疑主義と保守的自由主義の立場を模索した。福澤諭吉は、明治維新後の立憲君主制がどうあるべきかをめぐる啓蒙主義的自由民権論と復古主義的な天皇親政を支える藩閥政治の間で、保守的自由主義の立場に立って官民調和論を主張した。またナイトは、宗教原理主義を否定した「自由主義革命」を主張しながら、同時に、自由放任主義と福祉主義的平等主義を共に批判して、自由市場の尊重とその改善のための独自の「ゲームのルール」論を展開した。

保守的自由主義は右や左の原理主義を排して、懐疑主義と動態的バランス感覚を説く思想であり、フェアプレイの精神を重視する消極的正義論である。その具体的な制度的表現は自由経済と自由な民主政治の伝統だが、それを支える三つの思想的特徴を有している。すなわち、健全な懐疑主義、権力の平均としての法の支配の観念、政治的知性の必要性の認識である。

1 健全な懐疑主義

このうち健全な懐疑主義は、あらゆる価値判断を放棄し無関心になるという絶対的懐疑主義ではない。むしろ、「我々の生活は続く」という事実を率直に受け入れて、将来の不確実性に対処するために前に進むべきことを説く。健全な懐疑主義はヒューマニズム（人間中心主義）の思想としての保守的自由主義の基礎にある哲学である。この哲学を近世ヨーロッパにおいて最初に、人間の認識と行為の全領域に適用したのはデヴィッド・ヒュームである。彼は、キリスト教的な一神教の神の存在を前提としなくとも、健全な懐疑主義によって近代社会における人間の知識と倫理の進歩が可能であることを示そうとした。

この健全な懐疑主義から、保守的自由主義が主張する権力の平均としての法の支配という制度構想とそれを支える政治的知性の必要性の認識が導かれる。

2　法の支配

まず、法の支配について言えば、保守的自由主義における法の支配は、裁判所ないし司法権による国家権力のコントロールの仕組みと伝統というよりは、むしろより広く権力の平均あるいは権力一般の相互の抑制と牽制の仕組みと伝統を指している。そして、この権力一般とは、司法権も含めた国家権力だけでなく、企業やマスメディアなどの社会権力を含んでいる。その意味で法の支配とは、国家権力と社会権力を含む権力相互の抑制と牽制の伝統、すなわち自由社会の権力平均の主義（伝統）に他ならない。

4　もっとも、福澤諭吉に対するヒュームの間接的な思想的影響については、最近になって指摘されている。福澤の初期の著作である『西洋事情外篇』はイギリスの経済学の教科書を下敷きにしたものであるとされてきたが、その著者はジョン・ヒル・バートンという人で、彼はヒュームの伝記の著者でもあった。また、ヒュームとナイトの思想的類縁性については、現代を代表する経済学者であり、公共選択理論の主唱者であるジェームス・ブキャナンが、『国際社会科学辞典』（旧版）の「フランク・ナイト」の項目で指摘している。

確かに、法の支配は、これまで一般に、国家権力の乱用を防止するための司法ないし裁判所による権力コントロールの仕組みとして論じられてきた。歴史的に見ると、権力コントロールの対象は国王大権や立法権、行政権など様々に変遷してきた。サー・エドワード・クックからウィリアム・ブラックストーンを経てA・V・ダイシーに至るイギリスの法の支配の伝統は、国王大権に対する司法権によるコントロールの歴史として、さらに「国会における国王」と法律的思考の優位の思想として論じられてきた。またアメリカでは、立法、行政、司法の三権分立の統治システムの下で、法の支配は、立法権や行政権に対する連邦最高裁判所の違憲審査権によるコントロールの歴史として語られてきている。こうした背景の下、日本でも法の支配が論じられるときには、それは立法権や特に行政権の乱用に対する裁判所のコントロールないし司法権の独立として考えられており、そしてそれは立憲主義と最高裁判所の違憲立法審査権を基礎とするとされてきた。

こうした法の支配のいわば伝統的な考え方の中には、一つの暗黙の想定が含まれているように見える。それは、「司法権は乱用されない」、「司法権は腐敗しない」という想定である。だが、法の支配とは司法権の支配ではない。また、「絶対的な権力は絶対的に腐敗する」のが権力の「法則」であることを考えれば、法の支配の観念には司法権の乱用ないし腐敗の抑制と牽制の伝統もまた含まれていなければならないだろう。つまり、法の支配は「どのような政治制度であれ、誰も如何なる絶対的な権力を持つべきではない」という観念と結びついた政治理念あるいは伝統であり、それは特に現代の自由社会においては、立憲主義という制度と伝統によって表現されている。[5]

そして、この「法の支配は、裁判所を中心としつつも、立法権と行政権だけでなく司法権を含めた国家権力の乱用と腐敗に対する権力相互の抑制と牽制を通じて進化発展する伝統である」と

5 法の支配についてのこうした議論の方向性は、本書で後に言及するが、たとえばフリードリヒ・ハイエクの法の支配の議論の中にも認められる。それは、ニューディール期におけるローズヴェルト大統領と連邦最高裁判所の対立から生じた「危機」すなわち「コート・パッキング法案」（一九三七年）をめぐる大統領と最高裁判所と連邦議会（上院）の相互の抑制と牽制を通じた法の支配の伝統の進化について、ハイエクが論じたものである。ハイエクは、法の支配が最高裁判所の違憲審査権を中核とするものであるとしつつも、それが「乱用」されたときに、大統領が対抗措置として「コート・パッキング法案」を提出し、それに対して最高裁が極端な立場から撤退し、他方で、大統領支持派が多数を占める上院は「法案」を否決するという一連のプロセスの中に、法の支配の伝統の進化を見ている。なお、「コート・パッキング法案」について、佐藤幸治は、ローズヴェルト大統領の「暴挙」に対する世論と連邦議会の反発によって「法の支配」と「司法の独立」が守られたと、やや連邦最高裁判所に好意的な立場から言及している（佐藤幸治2015, 72-73）。また、同じく法の支配と司法権の独立という立場からではあるが、「コート・パッキング法案」の廃案と連邦最高裁判所によるロックナー判決（一九〇五年）の判例変更（一九三七年）をめぐる、デモクラシーの発展と産業社会の大転換などの複雑な様相の下での、法の支配の伝統の変遷について、戒能（編）2018, 第七章、第八章を参照。

いう考え方をさらに広げて、「絶対的権力は絶対的に乱用され腐敗する」という立場から、「三権を含む国家権力だけでなく経済的社会的権力を含む権力相互の抑制と牽制を通じて発展する権力平均の伝統として、法の支配を考える」というのが保守的自由主義の立場である。

法の支配についてのこのような考え方は、従来の議論とは異なる幾つかの方向性を有している。一つは、法の支配の進化発展における権力相互の牽制という考え方である。そこには、法の支配が、権力欲や嫉妬心などの必ずしも合理的でない要因のぶつかり合いと堪忍から生じた、「意図せざる」結果として進化発展してきたという認識が含まれている。これは保守的自由主義の哲学的基礎である健全な懐疑主義と密接に結びついている。すなわち、法の支配は人間の理性的合意から必然的に生じた社会秩序の理想ではない。むしろ、人間性のパラドックスと様々な欲求や情念のぶつかり合いが、牽制と抑制の社会的伝統を生み出した偶然の産物である。[6]

もう一つは、こうした法の支配の非合理的な「意図せざる結果」としての進化発展は、あたかも生物の進化が多様であるように、多様でありうるという認識である。もちろん、法の支配には「絶対的権力は絶対的に乱用され腐敗する」という認識と不可分の「どのような社会であれ、誰も如何なる絶対的な権力を持つべきではない」という要請が含まれている。また、現代における法の支配の形式的表現が立憲主義であることも認められる。さらに、現代アメリカの立憲主義と三権分立制に基づく自由民主主義の政治理念としての法の支配は、その要請を最もよく満たす表現と考えられている。しかし、誤解を恐れずにいえば、それは法の支配の進化発展の一つの形にすぎない。アメリカ的立憲民主主義と三権分立制でなければ法の支配は存在しないということではない。[7]

こうした考え方に立てば、アメリカ型の共和制と法の支配の伝統とは異なる日本型の法の支配

6　後に本論で詳しくみるように、ヒュームの「理性は情念の奴隷である」という懐疑主義は「英国の法の支配の伝統が君主に対する国民と議会の非合理的な嫉妬と猜疑心に由来する意図せざる結果である」という考え方とつながっている。また、福澤は「法の支配と立憲主義の基礎は権力平均の主義にある」と考えたが、それは彼の次のような考え方、すなわち、人間の本性としての権力欲を認めたうえで、権力欲を権力の進退のルールに基づいて相互に牽制し抑制することによって、権力を平均化し社会秩序を維持するという考え方と結びついている。さらに、ナイトは、法の支配の伝統について、「反社会的な社会的動物」というパラドックスを背負った人間が自由社会の不確実性に対処する中で自生的に生み出された「自由企業と自由な民主政治」という一応うまく機能しているが矛盾や欠陥が多く弱い規範性を有するに過ぎない秩序と述べて、それを競技の精神あるいは「ゲームのルール」の伝統と表現している。

7　これについてヒュームは、英国の法の支配の伝統が、十六世紀のエリザベス一世の絶対君主制と宗教的寛容の治政に端を発し、十七世紀のピューリタン革命およびクロムウェル専制さらには王政復古を経て名誉革命に至るジグザグな試行錯誤のプロセスを経て、制限君主制と議院内閣制という権力平均の主義として形成されてきたことを論じている。そしてそれと同時に、英国の法の支配の形とは別に、古代ローマを念頭に置きつつ、共和制における法の支配の形として、統治権を有する元老院とその権力乱用を防止するための（元老院議員選出に惜敗した者たちの）競争者会議という権力平均の形を論じている。

の伝統の形を考えることができるのではないか。それに関連して、福澤は明治日本の法の支配と立憲主義の起源を、鎌倉幕府以来の朝廷の権威と幕府の権力という権力の平均の伝統だけでなく、特に江戸時代の身分制の意図せざる結果としての武士の権力と庶民（商人および農民）自治の平均に見出したが、それは現代日本の法の支配の形としての立憲主義に基づく象徴天皇制と議院内閣制の権力平均の形と大いに重なっている。

3 政治的な知性

最後に、保守的自由主義の第三の特徴である（法の支配を支える）政治的知性について言うと、まず、知性とは理性ではない。合理的な推論能力ではないし、ましてや「真理」を認識する能力ではない。保守的自由主義における知性は、健全な懐疑主義から導かれる「人間が健全な判断をしている状態」を指す観念である。

一般に、人間の判断を表現する言葉としてわれわれが用いているのは、理性（合理的推論）、感情あるいは情念、習慣であろう。「人間は物事を理性的に判断する」、「物事を感情的に判断する」、「物事を習慣によって判断する」という言い方がそれである。だが、ここで「人間が物事を知性的に判断する」というのは、そのいずれでもない。知性は、理性でも感情（情念）でも習慣でもない人間の判断するある状態を指す言葉である。あるいは、やや逆説的な言い方をすれば、知性は、「人間が理性も感情も習慣もすべてバランスよく用いて、未来に向かって判断する状態」を指す。

ヒュームはこの知性について判断judgmentという用語を用いて説明している。われわれは、社会生活における将来の出来事に内在する不確実性と自分自身の判断能力の弱さに由来する不確実性に直面しつつも、われわれの生活を前に進めるために、いわば手探りの状態で決断せざるを得ない。それゆえそれは、合理的推論でもなければ「真理」の認識でもない。むしろ、勘や直感を駆使しつつ、合理的な推論能力や習慣をバランスよく用いて下す判断である。しかもそこには、勇気や好奇心といったわれわれの情念ともいうべき資質が必要となる。

ところで、この知性と政治的知性とはどのような関係にあるのか。政治的知性も、判断という意味の知性と同じく、人間が合理的推論や感情や習慣をバランスよく駆使して未来に向かって判断する状態を指す、未来志向の動態的バランス感覚である。だが他方で、政治的知性と知性（判断）は同じではない。それが働く場面あるいは位相が異なる。上で述べた知性は、経済的知性あるいはより広く社会的知性であり、自由経済と自由な民主政治が健全な状態にあるとき、すなわち、自由社会の権力平均の伝統としての法の支配の観念が共有されているときに、人々によって発揮されている。

これに対して、政治的知性とは、法の支配（権力の平均）の創出と危機の場面で法の支配を支える知性である。法の支配の創出とは、自由経済と自由な民主政治または権力平均の伝統としての法の支配の観念が存在しないところで、為政者がそれを創出する場面であり、法の支配の危機とは、自由経済と自由な民主政治が危機に直面している場面である。この意味で、政治的知性も動態的バランス感覚であることに変わりはないのだが、これらの場面において、政治的知性には通常の知性より以上に、シビアで矛盾を含んだ判断とそれを実行するための決断力および柔軟性が求められる。それは、放縦な自由が生み出す無秩序と旧体制の頑迷な既得権の狭間で、法の支配（権力の平均）を創出するために、あるいは法の支配（権力の平均）の危機を克服して体制を持続可能なものにするために、断固たる権力行使を伴いながら権力の乱用を抑え、決断力を発揮しつつ状況変化に柔軟に対応するという矛盾を含んだ動態的バランス感覚である。

西洋の思想の歴史において、政治的知性の観念を明らかにしたのは、ニコロ・マキャヴェリである。彼の思想は、いわゆるマキャヴェリズムと呼ばれる権謀術数の立場とは異なる。だが、政治的知性と権謀術数を明確に区別することができないこともまた、認めざるを得ない。

ただここで述べておきたいことは、政治的知性は保守的自由主義の健全な懐疑主義から当然に要請されるということである。政治的知性は、ヒューマニズムと近世の保守思想革命以来、人類が「自由と秩序」という基本問題に対処するために身につけてきた知性であり、それによってわれわれは法の支配（権力平均の伝統）を生み出してきた。けれども、法の支配が人間の権力欲や嫉妬心などの非合理なぶつかり合いから生じた「意図せざる」結果である以上、法の支配は本来的に不安定である。それゆえその危機は現代においてもまた将来にわたっても不可避的に生じ、それに対処すべき政治的知性の必要性も絶えることはない。

法の支配は「権力の集中と権力の乱用は防止せねばならない」という認識と不可分に結びついている。だが、ナイトのいわゆる「反社会的な社会的動物」「夢想的な愚か者」である人間が、自らの私利私欲のためにあるいは特定の原理主義やイデオロギーのために、法を権力集中の手段として用いる危険性は常に存在する。そうなれば、「法」の支配の名の下に積極的正義を振りかざす権力の集中と横暴を抑制することができなくなってしまう。「法」の支配を克服して、権力の集中と乱用を防止するためには、法制度を形式的に整備するだけでなく、法の支配を担う人間が権力の驕りやイデオロギーへの惑溺を断つための政治的知性を発揮しなければならない。自由と秩序の動態的バランス感覚を発揮し、権力の集中を抑制するために権力を行使しつつ自らの権力行使を自制する。その意味で、政治的知性とは、その時代その社会において、自由と秩序の動態バランスと相互抑制を忍耐強くフィクションする寛容（堪忍）と決断力をともなう試行錯誤の精神であり、「絶対的知性と絶対的権力は絶対的に腐敗する」という認識に基づく権力の動態的自制感覚である。

以上、本書の序章として、保守思想と保守的自由主義の概要について論じてきた。そこで以下、デヴィッド・ヒューム、福澤諭吉、そしてフランク・ナイトという生きた時代も社会も異なる三人の思想家に依拠しながら、保守的自由主義の三つの特徴である、健全な懐疑主義、法の支配、政治的知性のそれぞれについて論じることにしよう。

第一部　健全な懐疑主義

デヴィッド・ヒューム（David Hume 1711-76）

第一章
ヒュームと健全な懐疑主義

1 ヒュームの懐疑とピュロンの懐疑

健全な懐疑主義とはなにか？ それは一言でいえば、物事を疑いつつ信じること、信じつつ疑うことである。自然現象の法則性について、懐疑の目を向けつつそれを受容することであり、社会慣習や法制度の規範性について、それを批判しつつ遵守することであり、宗教やイデオロギーについて、その独断性と超越性を否定しつつ、それが人々の人生の指針たりうる意義を容認することである。この意味で、健全な懐疑主義のエッセンスはバランス感覚にある。だが、それは対立する要因を足して二で割るようなバランス感覚ではない。複数の要因のどれをより重視するかの試行錯誤的判断と寛容の精神を伴う動態的バランス感覚である。

デヴィッド・ヒュームは一七一一年、スコットランドのエジンバラ近郊に生まれた。アダム・

スミスと親交があったことはよく知られている。スミスの『国富論』が出版されたのは一七七六年三月だが、彼は当時病状が悪化していたヒュームの願いを聞き入れて出版を早めたと言われている。ヒュームはその年の八月に亡くなった。エジンバラのカールトン墓地（Old Calton Cemetery）に立派な墓がある。彼の死について興味深い話がある。当時彼は無神論者として厳しく糾弾されていたので、死に直面すれば神の裁きに恐れおののくに違いないと思われていた。だが、アダム・スミスが死の床にあったヒュームを見舞ったとき、彼は紀元二世紀の風刺家ルシアン（Lucian of Samosata）のギリシャ神話の三途の川の渡し守と死者の風刺話を読んでいたという。そして、それに引っ掛けて、「もし自分が三途の川の渡し守に、人々の宗教的迷妄を啓くために現世に戻して欲しいと頼んでも、それにはまだ二、三百年かかるとあざ笑われるだけだろう」と述べたという。死の床にあったヒュームの心を占めていたのは、キリスト教の神の裁きの恐怖ではなく、古代ギリシャ・ローマの多神教であり、しかしそれに対する諧謔的精神だったのである。ここには、宗教に対する彼のバランス感覚と距離感がよく示されている。

ヒュームは健全な懐疑主義について、自然という存在の認識への懐疑、法や道徳という規範の認識への懐疑、さらには神という存在の認識の懐疑も含めて、人間の認識のあり方を最も徹底して考究した人である。彼は健全な懐疑主義を認識論という根源的なレベルにまで掘り下げて論じた。

ヒュームの懐疑主義については、二十世紀初頭にノーマン・ケンプ・スミスが「ヒュームの自然主義」を論じて以来、[8]穏やかな懐疑主義mitigated skepticismと解釈する立場が基本的潮流を形成してきた。私の「健全な懐疑主義」という言い方も広い意味でこの潮流に属している。だが、ここはヒュームの学説史を論じる場所ではないので、これについては指摘するだけにとどめよう。

ヒュームの健全な懐疑主義については、私は以前、ヒュームの懐疑を古代ギリシャのエリスのピュロンの懐疑と比較しつつ、次のように論じたことがある。

ヒュームの健全な懐疑は、紀元前四世紀ごろのエリスのピュロンの懐疑とは異なっています。両者は次の二つの点に同意します。すなわち、「あらゆる知識は蓋然的（probable）であり、絶対確実なものではない」、「蓋然的知識に疑問を加えていけば、蓋然性（確からしさ）はしだいに減少する」。……エリスのピュロンは、次のように考えたと言われています。「蓋然的知識に無限に疑問を加えて行けば、蓋然性はゼロとなり全面的な判断の停止となるから、我々がなすべきことは、あらゆる物事についての判断を放棄し、目の前の出来事を無頓着、無執着にそのまま受け入れることである」。これに対して、ヒュームは次のように考えました。「我々はあらゆる判断や意思決定において、常に疑問や用心、慎みを持つけれども、同時に、現実の日常生活が、我々の蓋然的判断によって成り立っているという常識と反省が、我々の懐疑を緩和させるから、全面的な懐疑と判断停止に陥ることはない」。これは、生活の必要と可謬性の認識に基づく批判の精神ということです。生活を送るという意欲を示すと同時に、自分が誤るかもしれないという謙虚な姿勢、そしてさらに、自分の生活をより良くしてゆこうという改善の精神、批判（と修正）の精神です。これは、ヒュームの健全な懐疑主義の特徴をよく表しています。（桂木2005, 90）

ここで述べているように、私はヒュームの健全な懐疑主義が、エリスのピュロンの「全面的な判断の停止」とは異なって、「生活の必要と可謬性の認識に基づく批判の精神」を導くと考えている。これについて、ヒューム自身がどう考えているかについて少しみてみると、ヒュームは、彼の最も初期の著作であり、彼自身は否定的であったにもかかわらず現代のヒューム研究では最も重要な著作であるとみなされている『人間性論』***A Treatise of Human Nature*** の中で、次のように述べている（以下、ヒュームの議論はかなり難解で入り組んでいるので、一部私なりの解釈で補うこととする）。

まずヒュームは、ピュロンの最初の懐疑の線に沿って、人はどんな事柄であっても無限回経験

8 Norman Kemp Smith, *The Philosophy of David Hume, A Critical Study of Its Origins and Central Doctrines*, 1941, with a new introduction by Don Garrett, Palgrave Macmillan, 2005. を参照。また、坂本達哉はヒュームを論じた近著の題名を『ヒューム 希望の懐疑主義：ある社会科学の誕生』（2011）としているが、坂本の議論も私の議論と重なり合う部分が多い。

することはできない以上、「あらゆる知識は蓋然的（probable）であり、絶対確実なものではない」、つまり事柄に内在する本来の不確実性を指摘した後に、我々の判断能力の弱さに由来する不確実性（a new uncertainty derived from the weakness of that faculty, which judges）に言及する。そしてこれら二つの不確実性から次のような疑い、「自分の判断は正しいし確かだと思っていたが、もしかしたらどこかに誤りがあるのではないか」という疑いが生じると指摘する。そしてこの疑いに基づいて最初の判断を精査して新しい判断を下すのだけれども、それもまた蓋然的なものでしかない以上、我々の判断の確からしさは減少する。そしてまた、「別のどこかに誤りがあるのではないか」という疑いが生じるたびに最初の判断を精査するけれども、その度に確からしさはさらに減少する。「そしてこうしたことを**無限に**繰り返し、遂には、最初の判断の蓋然性がどんなに高いものであったとしても、また確からしさの減少がどんなに僅少であったとしても、なにも残らないことになる。およそ有限のものは**無限に**繰り返される減少によって生き残ることはできない」。我々の判断を精査するたびに確からしさは減少し、遂には完全に無に帰する。（Hume 1888, 182-183）

とここまでの議論は、まさにピュロンの懐疑そのものであり、その議論だけをみれば、ヒュームもまたピュロンと同じく「全面的な判断の停止」に陥らざるをえないようにみえる。だが、ここでヒュームは議論を反転させて次のように問うのである。

もしここで誰かが、あなたはこんなに苦労して繰り返し説いてきた議論に本当に同意するのか、そしてあなたは本当に、すべては不確実で我々の判断にはいかなる真偽の基準も有さないと考えるかの懐疑家と同じであるのかと問うならば、私は答えよう。その質問はまったくの余計であると。私もまた他の誰も、いまだ嘗てあのような議論をまじめに抱き続けた者などいないと。自然は絶対的かつ必然的に、我々が呼吸し感じるのと同様に、我々に判断することを求めているのである。我々は、めざめている限り考えざるをえないし、明るい太陽の下で周りのものに目を移せばそれらを見ざるを得ないのと同様に、今自分が抱いている印象とある対象がいつも結びついている場合には、その対象についてより強くよりはっきりと判断せざるを得ないのである。(Hume 1888, 183)

ヒュームによれば、我々は日常生活において我々の認識能力を用いて分析し精査して判断を下しているわけではない。むしろ我々は、生活の必要によって(呼吸し感じるのと同様に)、自然に判断せざるを得ないのである。我々の判断は、我々の認識作用というよりも、我々の感性のなせる業なのである。我々は生活の必要と習慣によって自然に判断に導かれるのであり、無理に認識能力を発揮して「全面的な判断の停止」に陥ることはないのである。

2　感性の進化と可謬性の認識に基づく批判精神

こうしてヒュームは我々の生活の必要に由来する判断の自然的必然性、我々の判断が自然の感性のなせる業であり習慣の産物であることを指摘する。だが、ここでのヒュームの主張はここまでで止まっている。我々の判断について、生活の必要に由来する自然的必然性に加えて、可謬性の認識に基づく自発的な批判精神をも含むことについては、ここで論じられていない。では、可謬性の認識に基づく批判精神の自発性についてヒュームはなにか言っているのか。

判断と感性の自発性

これについては、アネット・バイアーがヒュームにおける感性の進化ということに関連して、人間の判断と人工知能とを比較しつつ非常に興味深いことを述べている。バイアーによれば、我々には人工知能がどんなに発達してもそれに任せることができない一つの能力が存在するとヒュームが確信していたという。それが判断 judgment である。ここで判断というのは、カントが『判断力批判』で述べたような、普遍性を志向する理性的存在者の判断ではない。それは、感性的存在としての我々の誤りうるしかし自発的で始原的な作用である。

我々は我々自身に判断を留保する。それは一つには、我々は人工知能に判断をゆだねるほどにはそれを信用していないからであり、また一つには、優れた判断を下すことによって非常な喜びと満足感を感じるからである。(Baier 1991, 281)

そしてバイアーによれば、ヒュームは事実の認識だけでなく道徳感情の形成においても、我々はこの判断を我々自身に留保していると考えていた。我々の判断は完全な知的分析を許さない。我々の判断を決定するルールや基準を語り尽くすことはできない。それゆえ、我々は我々に代わって判断してくれる人工知能のようなものを作りだすことはできないし、そのような存在を望んでいない。

確かに我々は判断する際に、一般的規則に強く固執するし、一般的規則は我々の判断に強く影響するけれども、我々は規則を我々の判断に当てはめるのであって、我々の判断を規則に当てはめるのではない。我々の判断力は我々の形式的判断を乗り越える。我々は、我々の判断力を我々の規則化する能力よりも信頼する。我々は判断がなにか神秘的なもので、我々のこころの素晴らしい非理性的な本能であると考えている。……ルールの導きがないところでは「判断力 stretch of judgment」が働くのであり、そこでは「正しい方策を選択するため

に最大限の賢慮」が必要なのである。(Baier 1991, 281)

このバイアーの議論、ヒュームの判断の観念についての議論は、上述した「生活の必要に由来する習慣的判断と可謬性の認識に基づく批判精神」のうち、後者の「可謬性の認識に基づく批判精神」に関わっている。つまり、人間の判断とは我々の理性にではなく感性に基づくということだが、普通、感性(感情)というと、周囲の環境に左右されるもの、受動的な作用と考えられているが、ヒュームが言っているのはそれだけではないということである。感性に基づく判断とは経験(周囲の環境)の繰り返しに基づく習慣的判断だけではない。

我々は、これまで経験してこなかったような状況に、あるいはこれまでの経験に類似しているけれども少し異なるような状況に身をおいたときに、そのような不確実な状況において、これまでの習慣的規則をそのまま形式的に適用するのではなく、それをどう修正して適用するのか、あるいはなんらかの新しい仕方で対応するのかの判断を迫られる。それは習慣的な受動的な判断ではない。むしろそれは、我々の非理性的な本能、「判断力」や「最大限の賢慮」という感性の自発性に基づく判断、我々の感性の進化に由来する判断であり、われわれ人間はそれを欲しているのである。そしてこれが、ヒュームの「可謬性の認識に基づく批判精神の自発性」の内実である。そこでは、我々の感性のイニシアティブによって理性が動き出す。感性が能動で理性は受動である。

可謬性の認識に基づく批判精神

ところで、ヒューム自身はこの我々の進化した非理性的な本能、あるいは、可謬性の認識に基づく批判精神の自発性について、どのように論じているのだろうか。実は、バイアーが言及している「判断力」や「最大限の賢慮」はヒューム自身の表現である。ヒュームはこれについて、『人間性論』の「原因と結果の判断のルール」という節で論じている。少しヒュームの議論を見てみよう。

ヒュームはまず、我々が原因から結果を判断する際の八つのルールを列挙する。それらは、①原因と結果は時間的場所的に近くなければならない、②原因が結果に先立たねばならない、③原因と結果の関係は恒常的でなければならない、④同じ原因は常に同じ結果を生む、⑤異なるものが同じ結果を生み出す場合には異なるものの共通の性質による、⑥似ているものが異なった結果を生む場合は似ているものの中の違う要因が作用している、⑦ある結果が原因の増加や減少によって増えたり減ったりする場合（例えばガスバーナーのガスが増えたり減ったりすることで火の強さが強くなったり弱くなったりするような場合）、それは原因の複数の部分から生じる複数の結果の結合に由来する複合的結果である、⑧ある原因となるものがきちんと確かにそこにあるのになんらの結果も生まない場合（例えばガソリンがきちんと入っているのに車が動かないような場合）、その原因の作用を促進する他の原理（イグニッション・スイッチを入れるというような）によってサポートされねばならない。ヒュームはこれら八つのルールを列挙した後で、次のように論じる。少し長いが引用してみよう。

> これらのルールはすべて、創案するのはいとも簡単だが、それらを実際に適用するのは極めて難しい。最も自然でシンプルな自然科学の実験の場合でさえ、最大限の判断力 **the utmost stretch of human judgment** を必要とする。自然現象はすべて、非常に多くの要因が合わさって微妙に異なっており、決定的なポイントに達するためには、我々は注意深く余計な要因を取り除かなければならない。そして我々は最初の実験で試したある要因が決定的なものであるのかを別の新しい実験で確かめなければならない。そしてこの新しい実験もまた同様な検討に付されねばならない。こうした探求を我慢強くおこなうための徹底した一貫性が必要であり、数多くの要因の中から正しいものを選び出すための最大限の賢慮が必要である。こうしたことが自然科学でさえ必要であるとするならば、人間現象 **morals** を扱う場合には、どれほどのずっと多くのもの［粘り強い探究と賢慮］が求められることだろう。なぜならば、人間現象にはもっとずっと複雑な要因が絡み合っており、また人間の心に決定的に作用するさまざまな見方や感情はあまりに見えにくく曖昧なので、どれだけ注意しても見逃されてしまうことが多く、その場合には、そうした見方や感情の原因が説明できないだけでなく、そもそもその存在自体が知られないことになるからである。（Hume 1888, 175）

この文章には、ヒュームにおける「可謬性の認識に基づく批判精神の自発性」とはいかなるものかがあますところなく述べられている。我々はある現象（自然現象であれ社会現象であれ）が生じた原因を解明し、あるいはある方策（科学的処置であれ政策的処置であれ）がどのような結果を生み出すのかを予測するために、数多くの実験や事例研究を積み重ね、そうした試行錯誤をともなう探求を粘り強く徹底してしかも最大限の注意力をもって行う必要がある。

感性の進化

こうした努力は実際称賛に値するし、それゆえ我々はそうした努力を人間だけに認められた「固有の」能力、理性という能力の賜物であるとみなしがちなのだが、ヒュームによれば、それはそうではなく、こうした試行錯誤をともなう粘り強い探求はあらゆる事象に規則性を感じようとする我々の感性の作用の積み重ねの賜物なのである。ただ我々の感性は、こうした規則性を見出そうとする試行錯誤の積み重ね、ああではないだろうかこうではないだろうかと実験と失敗を繰り返し、過去の事例に当てはまるものがないか選り分けることによって、次第に洗練されるようになる。いわば感性は進化するのであり、それが「可謬性の認識に基づく批判精神」を導く。それを我々は誤って、ア・プリオリな（経験に先立つ）理性の作用と考えているにすぎないのである。

実際、ヒュームはここに引用した「原因と結果の判断のルール」という節の次の「動物の推論reasonについて」と題する節において、動物もまた感性の作用と試行錯誤の積み重ねによって感性の進化と優れた判断を身につけるにいたると述べている。動物も、人間に比べて低い程度であるとはいえ、それなりの「可謬性の認識に基づく批判精神」を身につけうるのである。この節の最後で、人間と動物の推論の考察に基づいて、推論とは「我々のこころの素晴らしい非理性的な本能」（Hume 1888, 179）であるとヒュームは述べている。

以上が、健全な懐疑主義について、ヒュームが認識論という根源的なレベルでどのように論じたのかの概要である。それを私は、生活の必要と可謬性の認識に基づく批判精神の自発性と表現した。我々は、さまざまな出来事に規則性を感じそれを手掛かりにして、生活の必要に対処せざるをえない。だが、規則性を感じるのは感性と習慣のなせる業である以上、「おそらくそうだろう」という蓋然性の域を出るものではなく、「そうでないかも知れない」という可謬性の疑いは絶えず付きまとうし、実際これまでの規則性に当てはまらない出来事にぶつかることは避けられない。それでも我々は、生活の必要からその出来事に対処しようとして、その出来事の中にこれまで自分が経験してきたものと一見似ているけれども異なる要因が働いているのを看取して、そこに別の新しい規則性を感じるようになる。こうして我々はさまざまな経験を積み重ねることによって、感性を進化させる。それが批判的精神と呼ばれるものだが、それは感性に発する以上、絶対に正しい判断にはなり得ないし、ましてア・プリオリな理性的判断ではありえない。どこまでいっても、可謬性と不可分の批判精神なのである。

3　人間現象moralsをめぐる感性の進化と動態的バランス感覚（批判精神）

ヒュームは認識論という根源的レベルで、超越的「真理」を主張する啓示宗教や啓蒙主義的合理主義を否定しつつ、同時に、あらゆる判断を否定する完全な懐疑主義を退けつつ、超越的「真理」と完全な懐疑の中間に位置する健全な懐疑主義（習慣と判断を含む）を主張した。そしてこの健全な懐疑主義に基づいて、政治や経済、道徳や宗教を含む人間現象moralsを論じようとする。

ただし、ヒュームの健全な懐疑主義は、自然現象を扱う場合と比較して、人間現象をめぐる人間の感性の進化の可能性について決して楽観的に考えてはいない。それは一つには、ヒュームの生きた時代と社会が依然として厳しい宗教対立（狂信）と政治的な党派対立（イデオロギー）にさらされているという現実をなによりヒューム自身が認識していたという事実に求められるし、それに加えて、前述した「原因と結果の判断のルール」からの引用でもわかるように、自然現象と比較して、「人間現象にはもっとずっと複雑な要因が絡み合っており、また人間の心に決定的に作用するさまざまな見方や感情はあまりに見えにくく曖昧なので、どれだけ注意しても見逃されてしまう」ことをヒュームが認めていたという事情もあるだろう。

だがヒュームは人間現象をめぐる人間の感性の進化（批判精神）の可能性について楽観的に考えていなかったとはいえ、それについて悲観的であったわけでは決してない。ただ、自然現象をめぐる人間の感性の進化がいわゆる科学技術の進歩に象徴されるような優れた判断力を導くとするならば、人間現象をめぐる人間の感性の進化とは、政治的党派や経済的利害の対立の間に立って優れたバランス感覚を発揮することだとヒュームは考えていたように思われる。実際、ヒュームが*Essays*と呼ばれる政治や経済を論じた論考では常に、動態的バランス感覚の重要性が主張されている。これについて、ヒュームの議論を見てみよう。

政治的対立をめぐる感性の進化と動態的バランス感覚（批判精神）

ヒュームが政治を論じるときに常に念頭にあったのは、一六八八年の名誉革命の後、ジャコバイトと呼ばれる反革命勢力が引き起こした政治的混乱と名誉革命体制の持続可能性の問題であった。名誉革命はスチュワート朝でカトリックのジェームズ二世を追放してイングランド国教会に基づく政治体制を確立したが、それは一七一五年と一七四五年のジャコバイトの反乱など、その後半世紀にわたって続くプロテスタント系の国教会とカトリックの激烈な宗教上の対立や王位継承権をめぐるイギリス議会内のホイッグ（議会派）とトーリー（王党派）の深刻な対立を生み出した。

ヒュームが見ていたのはこうした激烈な宗教的政治的党派対立であり、そしてその根源には、それぞれの党派の熱狂 **zeal** とそれらがぶつかり合ったときに生じる激しい憎悪があった。これに対して彼は、こうした熱狂を冷まし憎悪を和らげる必要を繰り返し説いている。それが政治における感性の進化なのである。ヒュームは比較的初期の論文である「政治を科学に高めるために」(**1741**)の中で次のように説いている。

[以下、第二部と第三部を通じて、ヒュームの議論については原文と翻訳書〔参考文献表のヒューム(**2010**)およびヒューム(**2011**)〕を参考にしながら訳出したが、本文中の引用は原文の頁数のみを示した。]

それぞれの党派の激情を煽りたて、公共の利益を装って、自分たちの党派の利益や目的を追求するような熱狂家は掃いて捨てるほどいるものです。私自身としては、熱狂よりも節度 **moderation** の増大をより一層助長したいと常に思っています。(**Hume 1985, 27**)

もっともヒュームは、節度の増大を願ったからといって、各党派がそれぞれの主張をあきらめるべきであるとか、それぞれの主張を足して二で割ったところで満足すべきであるなどと考えていたわけではない。というのも、ヒューム自身がこの文章のすぐ後で、節度を生みだす最も確かな方策は、我々の公共への熱情 **our zeal for the public** を増大させることであると述べているからである。党派の熱狂と我々の公共への熱情とは異なる。そして、節度を生みだすには我々の公共への熱情が必要なのである。この意味で、ヒュームが求める節度、バランス感覚は決して足して二で割るような静態的なバランス感覚ではなく、もっと動態的な節度、バランス感覚である。これについてヒュームは、論文の最後のところで次のように述べている。

公共的事柄は関心や注意を払うに値しないと私が主張しているととられるならば、それは全くの誤解である。節度があり一貫した主張であれば、それは認められるし、少なくとも検討の対象となりうる。**議会派**が、我々の統治機構は優れているけれども、それでもある程度は失政の余地があるのだから、［王党派の］大臣の不正に**適度な**熱情を込めて反対することは適当である、と主張することはありうる。そしてこれとは反対に、**王党派**が、大臣は正しいという立場から、同じく**適度な**熱情を込めて政権を擁護することも認められる。私はただ、人々が［党派対立を］あたかも**信仰のためとか**「**お家**」**のため**であるかのように争って、党派の暴力によって良き統治制度が悪しきものに変ってしまうことのないようにと、説いているのです。（Hume 1985, 30-31）

ここでは、議会派と王党派のそれぞれの党派の適度な熱情の必要性が指摘されている。それぞれの党派が、宗教的狂信や党派イデオロギーとは異なる、適度な熱情をもってそれぞれの主張をぶつけ合い、そこに我々の公共への熱情が生まれる。これが批判精神としての動態的な節度、バランス感覚ということなのである。

この動態的な節度、バランス感覚が具体的にどのようなものであるかについて、ヒュームは、「政治を科学に高めるために」から十七年を経て公にした論文「党派の歩み寄りについて」(1758)において論じている。ここでもまたヒュームは、議会派と王党派の党派対立と憎悪が内乱や暴力革命を引き起こし、国内の平和と安定を脅かし続けてきたと指摘し、しかしこうした党派対立を終わらせようという一般的気運が高まってきており、そうした歩み寄りの傾向は将来にとって好ましいことであると述べる。そのためには、いわれのない中傷や優越感を捨てて、節度ある意見 **moderate opinions** を奨励し、あらゆる論争において適切な中庸 **the proper medium** を求め、「ライバルの意見がときに正しいこともあるということについて互いに納得させ、称賛と非難のバランスを保つこと」が大事である(Hume 1985, 494)。そしてこうした動態的な節度、バランス感覚について、ヒュームは議会派と王党派の歩み寄りを例にとって次のように論じている。

不満派[王党派]を説いて現在の統治機構の安定へと同意をうながす決定的論拠は数多くあります。彼ら[王党派]はいまや、市民的自由の精神が、最初は宗教的狂信と結びついていたけれども、その垢を落としてより本来の生産的な装いのもとに現れてきていること、寛容の友であり、人間性の誇るべき伸びやかで寛大な感情を促進するものであることを認識しています。また彼らは、大衆の主張が節度を保ちうること、王の大権を制限した後もなお、君主制や貴族政、そしてあらゆる古来の制度に対して、それにふさわしい尊敬を払っていることを知っています。そしてなにより彼らは、彼らの党派［王党派］の強みであり、彼らの正当性の根拠であった［歴史と伝統ないし時間の経過という］原理そのものが、今や彼らを見捨てて、ライバルの側についてしまったことに気づいているでしょう。自由のプランは決着したのです。それがもたらす幸福な結果は経験によって証明され、そして長い時間の経過はそれに安定性を与えてしまっています。（Hume 1985, 500-501）

ここでは、議会派と王党派がそれぞれ身に付けた動態的な節度、バランス感覚が論じられている。それは、議会派について言えば、伝統と秩序を尊重する自由の精神であり、王党派について言えば、自由を容認する伝統と秩序の精神である。すなわち、議会派の市民的自由の精神は、宗教的狂信との結びつきを脱して、古来の制度への尊敬心を身につけるようになり、王党派の伝統と秩序の精神は、自由の精神が「長い時間の経過」によって自由の秩序となり得ることを容認しつつある。もちろんこれは、議会派と王党派の主張が一致するということではない。むしろ、議会派と王党派がこうした動態的な節度、バランス感覚を身につけることによって、それぞれの党派の「適度な熱情」をぶつけあうことができるようになり、そこから公共への熱情が生まれ、それによって党派の歩み寄りが可能になるとヒュームは説いているのである。

ヒュームのバランス感覚と寛容と多文化共生

興味深いことは、こうしたヒュームの動態的な節度、バランス感覚の議論が、現代のわれわれが直面している多元的社会と寛容の議論やナショナリズムと多文化共生の議論とかなりの程度重なっているということである。

多元的社会と寛容の議論について言えば、ヒュームの党派の「適度な熱情」の観念は、J・S・ミルに言及しつつ寛容の観念を論じたアイザイア・バーリンの議論と重なっている。バーリンは「ジョン・スチュアート・ミルと生の目的」と題した講演の中で、寛容にはある種の無視・不敬が含まれていると指摘している。それは、「他人の信仰や行動が非合理でおろかなものであると考えてはいるが、それでもそれらのものを容認する」ということである。そしてバーリンは、ミルもこれについて同意見であったと述べて、次のように主張する。「《理解する》ことは必ずしも《許す》ことにはなりません。情熱や憎悪をこめて議論し、攻撃し、拒否し、排斥しても一向構わないのです。がしかし、抑圧したりだまらせたりしてはいけない」。（バーリン 1971, 411-412）

バーリンはこの寛容の観念について、「論敵の意見に対する懐疑的な尊敬」と述べているが、それはまさにヒュームの党派の「適度な熱情」の観念と重なっている。

また、現代ナショナリズムと多文化共生の議論について言えば、閉鎖的なナショナリズムに対して開放的なナショナリズムを説くデビッド・ミラーの議論がある。彼は自らの主張するリベラル・ナショナリズムの中心的観念として、政治的党派の対立における政治的相互性の観念を指摘する。それは「私があなたの正当な要求just demandを今回支持できるのは、将来別の機会にあなたが私の正当な要求を支持してくれるとわかっているからである」（Miller 1975, 140）という観念である。そしてミラーは、政治的党派対立におけるこのような政治的相互性の実践が「国民という共通の感覚」（Miller 1975, 139）を生み出し、この共通感覚がまた更なる政治的相互性の実践を可能にするという好循環の中から開放的なナショナリズムとしてのリベラル・ナショナリズムが可能となると主張している。これはまさに、あらゆる論争において「適切な中庸」を求めるためには、「ライバルの意見がときに正しいこともあるということについて互いに納得させ、称賛と非難のバランスを保つこと」が大事であり、それが「公共への熱情」を生むというヒュームの指摘と重なっている。

経済をめぐる感性の進化と動態的バランス感覚

人間現象としての経済をめぐる感性の進化の議論の出発点は、よく知られているように、バーナード・マンデヴィルの『蜂の寓話』（1714）である。彼はこの書物の副題に示されているように、私人の悪徳（私的利益の追求）は公共の利益であると主張した。この主張は、F・A・ハイエクによれば、現代の市場理論（自生的秩序論）、すなわちアダム・スミスの「見えざる手」の比喩によって象徴される「市場において人々は私的利益を追求し、その意図せざる結果として、社会の富の増大＝公共の利益を実現する」という思想の起源をなしており、そしてこの思想に完全な形を与えたのはヒュームであるとされる（ハイエク1986, 137-138）。

これは一見、マンデヴィルとヒュームの間にスムーズなつながりがあるようにもみえるが、それはそうではない。これについては、ヒュームとほぼ同意見であったアダム・スミスが『道徳感情論』において、マンデヴィルの誤りを指摘している。つまり、マンデヴィルは反社会的感情も社会的感情も、すべての感情が悪徳であり虚栄であると主張したのであり、それは誤っている。我々の荘厳さを求める欲求やよりよい生活を求める欲求もまた虚栄心であるというならば、確かに虚栄心は公共の利益であるが、しかしそれと悪徳を生む虚栄心、反社会的感情とは区別されなければならない（Smith 1976, 312-313）。

ヒュームもまた、この点についてアダム・スミスと見解を同じくしていた。そして彼は、そこからさらに進んで、なぜ贅沢の欲求が社会的感情となり公共の利益を生むのかについて、感性の進化という考え方を導入することによって明らかにしたのである。これはまさに、政治をめぐる感性の進化が党派の熱狂を克服して、動態的な節度、バランス感覚としての「党派の適度な熱情」を生むという議論に対応している。だが、この話に入る前に、ヒュームとマンデヴィルの違いをより明瞭にしておくために、坂本達哉の優れた分析について少し触れておきたい。

坂本はマンデヴィルの主張について、贅沢は本質的に悪徳であると認める点で「富と徳は反する」とする伝統的立場に立ちつつ、他方で贅沢への欲求が利己心や虚栄心を刺激して経済活動をうながし社会の富の増大＝公共の利益を実現するという逆説的な主張であると述べた上で、マンデヴィルの社会観についてヒュームのそれと比較しつつ、次のように論じている。

［マンデヴィルの議論は］奢侈の本質的不道徳性を認める点では伝統的立場と一致しながらも、奢侈への欲望が人間の利己心や虚栄心の刺激剤として経済活動の原動力となる事実に着目し、国富の増進に果たす奢侈の経済的効用を主張するという逆説を展開するものであった。その基本的な社会観は、一言でいえば、奢侈的な消費を行う富裕な階層と社会の大部分を占める労働貧民とに両極分解した社会である。「［マンデヴィルは述べている。］術策を用い、断固として怠惰を断念させれば、強制することなく貧民を労働させうるのと同様、彼らを無知のままに育てあげれば、本当に辛いことでもそうとは感じないで慣れさせることができよう。……これら二つの手段で食糧つまり労働を安くすることができたとき、われわれは近隣諸国よりも多く売り、同時に数もふやせるに違いない」。（坂本1995, 220-221）

坂本はここで、私人の悪徳は公共の利益というマンデヴィルの逆説が、労働の主体は貧民層であり贅沢な消費の主体は富裕な階層であるというように、「労働の主体と奢侈の主体とを峻別」し、富者がいわば貧者の犠牲の上に贅沢な消費をすることによって、意図せざる結果としての公共の利益が生み出されるという論理に基づくものであると指摘している。つまり、マンデヴィルの逆説は「奢侈を労働の苦痛から解放された富者の消費的行動として理解」することと深く結びついているのである。マンデヴィルにおいては、贅沢（欲望）は最初から贅沢（欲望）なのであり、労働（苦痛）はどこまでいっても労働（苦痛）なのであって、そこには感性の進化という考え方はみられない。

これに対してヒュームは、欲望と苦痛の二元論を否定し、欲望（贅沢）の追求が失敗と苦痛を伴う試行錯誤のプロセスの中で感性の進化と欲望（贅沢）の洗練をうながし、それが意図せざる結果としての公共の利益と結びつくと主張した。それによって、私人の悪徳は公共の利益というマンデヴィルの逆説を克服したのである。

感性の進化における二つのサイクル

ヒュームは贅沢の観念を論じた「技芸の洗練について」（1752）の冒頭で、贅沢はよい意味にも悪い意味にも解されるとしたうえで、「一般にはそれは感性の非常に洗練された満足を意味する」（Hume 1985, 268）と述べている。ここにはすでに、粗野な満足感から洗練された満足感へという意味で感性の進化という考え方が示唆されているが、実際ヒュームはこの論文全体を通して、感性の進化についてさまざまな観点から論じている。

ヒュームによれば、人間の幸福は活動 action と快 pleasure と休息 repose という三つの要素の相互作用に基づく感性の進化から成り立っている。人間は、労働の対価によって快を獲得するだけでなく、活動そのものによって快を感じ、活動を続ける中でときに休息によって心身を癒し、さらに活動にいそしむというサイクルを通じて、より洗練された幸福を得ることができるようになる。ヒュームは述べている。

> 産業と技芸が繁栄している時代には、人々は絶えず仕事に従事し、労働の成果としての［金銭的］快を得るだけでなく、仕事そのものを享受する。［それによって］心は新たな活力を獲得し、さまざまな能力や才能を広げ、正直で勤勉な活動によって、自然な欲求を満足させると同時に、安易さと怠惰から生じる不自然な欲求を抑制する。（Hume 1985, 270）

こうして活動と快と休息のサイクルの相乗効果が繰り返されることによって、我々の感性が洗練され、勤勉 industry と知識 knowledge と人間性 humanity というもう一つのサイクルを生み出すことになる。それによって、快を貪るという悪徳が抑制されるようになるだけではない。さらに、感性の進化と勤勉と知識と人間性のサイクルが生み出す贅沢は公共の利益と結びつく。勤勉と知識と人間性は個人の生活にとって利益であるばかりでなく、公共に対しても有益な影響を及ぼし、個々人を幸せに豊かにするだけでなく、政府を隆盛にする（Hume 1985, 272）。

ここには、アダム・スミスの「見えざる手」の比喩によって象徴される「人々の私的利益の追求がその意図せざる結果として公共の利益を実現する」という思想が、マンデヴィルの「私人の悪徳は公共の利益」という論理とは全く違う、感性の進化という論理によって表明されている。人間は、労働（苦痛）をともなう欲望の追求、すなわち活動と快と休息のサイクルを通じて感性を進化させ、それがさらに勤勉と知識と人間性のサイクルへと発展することによって、公共の利益を生み出す。私的利益の追求は、感性の進化を媒介として、その意図せざる結果としての公共の利益を実現するのである。

ただし、ここで私が「ヒュームは感性の進化を媒介として、私的利益の追求と公共の利益を結びつけた」という場合、感性の進化とは決して一元的で直線的な進化としてヒュームによって考えられていたわけではない。

感性の進化、多様性、バランス感覚

確かにヒュームの「粗野な贅沢への欲求から洗練された贅沢への欲求へ」という議論には、感性の進化が一元的（金銭的）で直線的な進化のイメージと重なる側面がないわけではない。しかし他方で、ヒュームの贅沢の観念には多様性の契機が含まれている。この点は、「心は新たな活力を獲得し、さまざまな能力や才能を広げ」という先の引用にある議論からも明らかだが、さらに、ヒュームが勤勉と知識と人間性のサイクルに言及するとき、知識とは多様な知識のことであり、また人間性とは洗練された豊かさということだけでなく、社交性や知的好奇心や名誉心などの多様な意味を有していた。ヒュームは洗練された社交性や洗練された知的好奇心、洗練された名誉心は贅沢という名にふさわしいと考えていた。

それだけではない。ヒュームの贅沢の観念にはバランス感覚の契機が含まれている。ここでもまた（政治対立をめぐる感性の進化と同じく）、感性の進化（贅沢）は直線的な進化ではなく、節度とバランス感覚の賜物なのである。

これについてヒュームは、「技芸の洗練について」の最後で、悪徳な贅沢と悪徳でない贅沢を区別している（Hume 1985, 278-279）。悪徳な贅沢とは、放蕩とか過度な贅沢のことである。ただし、放蕩や過度な贅沢も怠惰や無為、怠けて何もしないよりはましであるとも述べている（Hume 1985, 280）。それに対して、悪徳でない洗練された贅沢とは節度ある贅沢のことである。ここでは倹約と贅沢が微妙なバランスによって結びついている。それは足して二で割るといった形式的なバランスではなく、放蕩や過度な贅沢と怠惰や無為の間のどこか中間にあって常に揺れ動く動態的バランス感覚によって成り立つものである。感性の進化をうながす活動と快と休息のサイクルが、怠けて何もしない態度を否定しつつ、かといって過度な活動や過度な快楽の追求に陥ることなく、節度を保ちつつバランスよく働くことによって、勤勉と知識と人間性のサイクルへと発展する。それが人間現象としての経済をめぐる感性の進化の意味するところであった。ヒュームにとって、感性の進化とは倹約と贅沢の動態的バランスを人々が身につけるということなのであり、それを彼は洗練された贅沢 innocent luxury（Hume 1985, 278）と表現したのである。

宗教をめぐる「自然の歩み」と感性の進化

ヒュームは政治的対立をめぐる感性の進化と動態的バランス感覚の生成について、決して楽観的ではなかったけれどもその可能性を信じていたし、経済をめぐる感性の進化と動態的バランス感覚と節度の生成について、比較的楽観的であった。しかし他方で、宗教をめぐる感性の進化と動態的バランス感覚（寛容の精神）の生成には悲観的であったように思われる。ヒュームは、少なくとも彼の時代の宗教（キリスト教などの一神教）の寛容の可能性については悲観的であった。また、ヒュームの考え方からすれば、あらゆる宗教の本質は迷信と狂信であるから、宗教はいわば脱・超越化（世俗化）することによってのみ感性の進化と動態的バランス感覚（寛容の精神）を身につけ得るということになる。

ヒュームは、『宗教の自然史』（1757）という書物で、人間現象としての宗教について論じている。彼はまず、多神教が人類最初の宗教であり、その後、世界の創造主としての至高の唯一神という一神教の教説が生じたと論じている。

　人類の思考の自然な歩みからすれば、無知な大衆が最初に超越的な諸力にひれ伏しつつ通俗的な観念を抱き、その後、自然全体に秩序を付与したあの完全な存在へと考えを及ぼしていったことは確かであるように思われる。……心は徐々に劣った状態から優れた状態へと登っていく。不完全なものを取り去ることによって、完全性の観念を形成する。そして徐々に、崇高なものと粗野なものを区別しながら、崇高で洗練されたものだけを神という存在に結びつけるのである。(Hume 1993, 135-136)

読者はあるいは、ヒュームがここで「自然な歩み」という表現を用いていることからして、人間現象としての宗教をめぐる感性の進化について、ヒュームが肯定的な考えを抱いていたと思われるかもしれない。しかしそれはそうではない。というのは、宗教について人類の自然な歩みをうながしているのは、現世的な生活の必要ではなく、超越的な存在への恐怖とへつらいだからである。ヒュームは、人類が多神教から一神教の信仰へと導かれるプロセスについて、多神教の場合でも神々の頂点に立つ神を人々は想定してその神を特別に崇拝し奉るようになると述べて、次のように論じている。

人々の恐怖や苦難が一層切迫するにつれて、人々はなおも新たな媚びへつらいを作り出し、以前にも増して神の神性を高めようとし、それさえもまた後にはより仰々しい賛辞に凌駕されることになる。こうしたことを繰り返し、人々は遂にそれ以上超えることのできない無限[の神性]にたどり着く。……人々が完全な存在、世界の創造主の観念に導かれるのは理性によってではなく、……もっとも低俗な迷信[から生まれた超越的な存在]への媚びへつら

いと恐怖によってなのである。(Hume 1993, 155)

ヒュームが多神教から一神教への「自然な歩み」と政治や経済における我々の感性の進化(動態的バランス感覚の習得)とを区別していることは、人々が超越的な存在への媚びへつらいと恐怖によって、多神教から一神教へ、一神教から多神教へと右往左往する様を描いていることからも明らかである。

人々は、理解力の脆弱さによって、純粋な精神かつ完全な英知としての神性という[抽象的な]概念に満足することはできない。かといって、彼らは[神への]恐怖心から神にほんのわずかな有限性や不完全性を帰することなど考えもよらない。人々はこれらの相反する感情の間で揺れ動く。彼らは優柔不断さから、全能で精神的存在である神を限りある能力を有する偶像へと引き下げる。[が他方で、]神を崇め高めようとする媚びへつらいによって、彼らは神の偶像的で物質的なイメージから神の見えざる力へと、神の見えざる力から無限に完全な神性へと、宇宙の創造者であり絶対者[である神]へと導かれる。(Hume 1993, 160)

一神教と多神教

興味深いことは、ヒュームがこうした多神教から一神教への「自然な歩み」や一神教と多神教との間の右往左往を論じた後で、一神教と多神教を比較して、一神教の迫害の精神に対して多神教の寛容の精神を好意的に評価している点である。

ヒュームによれば、多神教の偶像崇拝は全くの迷信に基づいているから、如何に野蛮で腐敗した慣行であっても正当化されてしまうという欠点を抱えている一方で、自分たちの神々の力は、無限の絶対的なものではなく、限られた不完全なものだと理解されているので、自然と、他の宗派や民族の神々の神性もそれなりに認めるようになるという（Hume 1993, 160）。ヒュームはその例として、「神々にとって最も好ましい儀式や礼拝はなにか」と問われて、「それはそれぞれの都市国家において法的に認められたものである」と答えた古代ギリシャのデルフォイの神託の例を引いている（Hume 1993, 161）。これに対して、一神教の神は無限の力を有し、絶対的かつ完全であるので、他の神々の存在を許容することはあり得ない。一神教の不寛容は多神教の寛容と同じくらい明瞭である。多神教の行ってきた人身御供の数々もローマやマドリード（カトリック教徒）が行ってきた異端審問と迫害に比べれば物の数ではない（Hume 1993, 162-163）。

このように一神教の不寛容に対して多神教の寛容を評価したうえで、ヒュームはさらに、一神教において人々は全能かつ宇宙の創造主である唯一神の前ではひれ伏す他はないがゆえに、卑下の精神が生み出されるのに対して、多神教では、人間を越えたしかし有限な神々と競おうとして、人々に勇気の精神が生まれると主張している。

一神教と多神教の比較に関して、別の考察をしてみよう。それは、「最善のものの腐敗は最悪の結果を生む」という俗説を確証するものである。神が人間より無限に卓越していると考えられる場合、それは全く正しいかもしれないが、それが迷信的な恐怖と結びつくと、人間精神を屈従と卑下の奈落の底へと落とすことになる［「最善のものの腐敗は最悪の結果を生む」］……これに対して、神々が人間よりほんの少しだけ卓越していると考えられる場合、そして神々の多くが人間という劣った存在から昇進したと考えられている場合、人々は神々とよりフランクに接し、畏れ多いなどと考えずに、神々をライバルとして競おうとさえするかもしれない。そこから、活動や気力、勇気や度量、自由への愛といった人々を高めるすべての美徳が生まれる。（Hume 1993, 163-164）

宗教の世俗化と寛容の精神

誤解のないように言っておけば、ヒュームは多神教の寛容に人間の感性の進化が認められると言っているわけではない。多神教もまた、一神教と同じく、神々への畏れと媚びへつらいから生じる迷信に基づくものであり、いかなる意味においても、人間の感性の進化を示すものではない。多神教における神々への畏れと媚びへつらいは、一神教の場合の絶対性と比較して限られたものなので、多神教の民族が彼らの神々に畏れと媚びへつらいを示したとしても、ある程度是認しうるということに過ぎない。それゆえ、多神教の寛容は人間の感性の進化としての寛容の精神、動態的バランス感覚としての寛容の精神とは似て非なるものである。ただ、一神教において人々は、唯一神への絶対的な畏れと媚びへつらいによって、いかなるバランス感覚も持ちえないのに対して、多神教においては、限られた畏れと媚びへつらいであるがゆえに、人々は他の民族の神々をある程度許容しうるだけでなく、限られた畏れを克服して神々と競う勇気を人々に与える可能性を含んでいることを考えると、ヒュームが多神教に脱超越化あるいは宗教の世俗化の可能性と、人間の感性の進化、動態的バランス感覚としての寛容の精神へのきっかけを見出していたことは、十分考えられる。

おわりに　健全な懐疑主義とヒューマニズム

ヒュームは健全な懐疑主義を認識論という根源的なレベルで徹底して論じた人である。彼は、自然法則への懐疑、法や道徳の規範性への懐疑、さらには神の存在認識への懐疑も含めて、人間の認識の可謬性を根源的に明らかにした。それと同時に、彼は「可謬性の認識に基づく批判精神の自発性」を主張する。これは彼の判断 judgment の概念に示されているが、人間は感性によって判断し、そうであるがゆえに誤りうる。だが、人間は、失敗を通じて自分が誤りうることを知ることによって、かえって自らの感性を進化させ、それによって判断力を磨き、批判精神を身につけてきた。ここには、ソクラテスの「無知の知」に似た人間存在についての認識の転回がみられる。

これは、誤りうる存在としての人間、と同時に、自分は誤っているかも知れないと考えることができる自発性を持った人間を人間社会の考察の出発点に据えるという考え方である。これが、博愛主義という意味ではない、人間中心主義という意味でのヒューマニズムの哲学である。ヒュームはこのヒューマニズムの哲学に基づいて、政治と経済そして宗教の領域を考察した。

人間は、政治的な党派の熱狂とそれがぶつかり合ったときに生じる激しい憎悪の繰り返しの中でも、「自分の熱狂が誤っているかもしれない」と感じることによって、どんな政争でもライバルの意見がときに正しいこともあると認識し、いわれのない中傷や優越感を捨てて称賛と非難のバランスを保つ動態的な節度、バランス感覚を身につけることができる。それが政治的感性の進化ということである。

同様に、人間は飽くなき欲望（贅沢）をやみくもに追求することによって心身が疲弊し、挫折と苦痛を体験することによって、自分の幸福のあり方を問い直し、欲望の追求と労働を含む活動と快と休息の相互作用が勤勉と知識と人間性というサイクルと結びつき、それが人間の幸福を可能にするという動態的なバランス感覚を身につける。贅沢と節制の微妙なバランス感覚。それがいわば経済的感性の進化ということである。

こうした感性の進化が可能になるためには、「自分は誤っているかもしれない」という「無知の知」の自発性と、これまでとは違う見方や考え方を求めようとする好奇心が必要である。だが、宗教をめぐる多神教から一神教への「自然の歩み」は、こうした「無知の知」の自発性や自分とは異なるものへの好奇心とは正反対のものである。それは、超越的なものへの迷信が恐怖と媚びへつらいを生み、それが屈従と卑下の精神を生むという、懐疑と自発的思考とは正反対の「自然な歩み」に他ならない。こうした立場に立って、ヒュームは一神教に対して多神教の寛容を好意的に評価し、「多神教は偶像崇拝である」という当時の一神教の「常識」に異を唱えている。だがそれは、多神教を肯定したわけではない。ただ彼は、「最善のもの（一神教）の腐敗は最悪の結果を生む」という立場から多神教のほうがよりマシであると考えた。彼は多神教に、脱超越化あるいは宗教の世俗化の可能性と、人間感性の進化への転回のきっかけを見出したのである。

第二章
福澤諭吉と健全な懐疑主義

1　福澤諭吉と動態的バランス感覚

ヒュームと比較しつつ福澤諭吉の健全な懐疑主義について論じる場合、率直に認めなければならないのは、福澤にはヒュームほどの透徹した議論が残念ながら見られないということである。ヒュームは、彼の思想の哲学的基礎を認識論のレベルまで掘り下げて、そこから健全な懐疑主義を導き出した。福澤にはこうした議論は見られない。

これは、西洋にはプラトンやアリストテレス以来の哲学の伝統が脈々と受け継がれてきたのに対して、日本の思想にはそうした哲学の伝統が見られないということを考えると、やむを得ないことではある。

だがそれは、福澤の議論に保守的自由主義の特徴である健全な懐疑主義が見られないということではない。彼は、認識論というレベルにまで掘り下げていないにせよ、健全な懐疑主義の立場から人間の情念について、人間の判断と動態的バランス感覚について深い理解を示している。それが、『学問ノス、メ』や『文明論之概略』などの議論に見られる「自由と保守の動態バランスを通じて日本文明の進歩と自国独立を達成する」という主張に繋がっている。

福澤思想の底流にある健全な懐疑主義と動態的バランス感覚を理解するためには、彼の生きた時代という文脈を考える必要がある。それは彼が江戸時代と明治時代という二つの時代を生きた思想家であるということだ。このことは彼自身が『文明論之概略』の緒言で述べている通りである。福澤は一八三五年生まれで、明治維新は一八六八年、彼が三十代前半の出来事であり、『学問ノス、メ』初編は明治維新から四年後の一八七二年に、『文明論之概略』はその三年後の一八七五年に出版されている。彼は江戸時代、特に幕末という時代に健全な懐疑主義と動態的バランス感覚という姿勢を身につけ、それに基づいて西洋の啓蒙思想を咀嚼しこれらの作品を著した。

私の考えでは、この健全な懐疑主義と動態的バランス感覚の原点は、福澤のペリー体験と徳川家康理解にある。このことは従来の福澤研究で指摘されてこなかったし、読者は意外に思われるだろう。

これについて、慶応元年に友人に宛てた手紙がある。当時福澤は病で臥せっており、暇に任せて『ペリー艦隊日本遠征記』の原書を読んでいて興味深い箇所を見つけたと翻訳を付して書き送ったものである。それはペリーが徳川家康の自由交易主義に言及した箇所である。その中で、徳川家康は当時の英国国王ジェームス一世との条約で、「東印度の商社が我が国に自由に在留し交易を行うことができる」と定めた。これについてペリーは「まったく寛大なる免許であり、日本国本来の政は決して鎖国ではない」と述べている。そして福澤は「この翻訳を頑固な鎖国家を諭す種にお使いください」と書き送っている。ここには福澤の二つの思想的覚醒が示されている。一つは、専制的鎖国主義の権化と思われていた徳川家康が自由交易主義者であったという認識であり、もう一つは、「赤鬼ペリー」が軍事力によって日本国を無理やりこじあけたのではなく、ペリーは「日本国本来の政が自由交易主義である」という姿勢で日本と交渉していたという認識である。この二重の思想的覚醒が、あらゆる固定観念や偏見を排しつつバランス感覚によって物事を判断する福澤の姿勢の原点にある。

この思想的覚醒は福澤の生涯を貫いている。福澤は一九〇一年に死去する前年、「福澤先生の演説」という一文を著し、日米和親条約について、当時の阿部伊勢守とペリー提督という高潔な人物による「天成の機会」の賜物と評している。福澤は終生、ペリーが徳川家康を通じて理解した「日本人は本当は開国を求めている」という知的直観を高く評価していたのである。

福澤の宗教観とバランス感覚

福澤の人間性論、特に人間の情念の洞察にみられる健全な懐疑主義と動態的バランス感覚についいては別に一節を設けることにして、ここでは福澤の自由と保守の動態バランス論について述べてみたいのだが、その前に、福澤の健全な懐疑主義と宗教の脱超越化、世俗化を示す平易な二つのエピソードを取り上げてみたい。
一つは、『福翁自伝』にある、よく知られた幼少の頃のお稲荷さんのご神体の話である。

私の養子になっていた叔父様の家の稲荷の社の中にはなにが入っているのか知らんと明けて見たら、石が入っているから、その石を打っちゃってしまって代わりの石を拾って入れておき、また隣の下村という屋敷の稲荷様を明けて見れば、神体はなにか木の札で、これも取って捨ててしまい平気な顔をしていると、間もなく初午になって幟を立てたり太鼓を叩いたり御神酒を上げてワイワイしているから、私は可笑しい。「馬鹿め、おれの入れて置いた石に御神酒を上げて拝んでるとは面白い」と、一人嬉しがっていたというような訳で、幼少の時から神様が怖いだの仏様が有難いだのということは一寸もない。……子供ながらも精神は誠にカラリとしたものでした。(福澤1978, 23)

もう一つは、明治三〇年に出版された『福澤全集緒言』で福澤が語っている話である。福澤は『緒言』のはじめで、自分の文章が平易で読みやすいことの由来についていろいろ語っているのだが、その中で浄土真宗の本願寺中興の祖である蓮如上人の『御文章《オフミサマ》』を見習った話をしている。

自分が若年十七八歳の頃、豊前中津に居るとき、兄が朋友と何か文章のことを話している談話の中で、和文の仮名使いは真宗蓮如上人の御文章《オフミサマ》に限る、これは名文だと頻りに称賛するのを、自分は傍らでこれを聞いてはじめて蓮如上人の文章家たることを知ったのだが、その御文章とはいかなる書籍か目に触れたこともなく、……その後数年を経て江戸に来て洋書翻訳を試みるときになって前年のことを思い出し、御文章一冊を買い求めてこれを見れば、いかにも平易な仮名まじりの文章にして甚だ読みやすい。これは面白いと幾度も通覧熟読して一時は暗記したものもある。これがために仏法の信心発起は疑わしいが、多少でも仮名文章の風を学び得たのは蓮如上人の功徳であろう。（福澤1958, 6）

これら二つのエピソードが明らかにしているのは、福澤が、一方で宗教に対して無頓着で等閑のように見えながら、他方で宗教を一概に否定するのではなく、宗教の民衆教化の意義を認識し、そこから学ぶ姿勢を示していたということである。

こうした福澤の宗教観についてはこれまで、「功利主義的、プラグマティックな点が特徴である」と言われてきた。それはそのとおりであるのだが、他方で、功利主義というと、合理主義の立場から宗教の一つ一つの事柄について利害得失を計算してその功罪を評価するという印象がある。だが福澤の宗教観はそうではない。彼は、人間が情念に流されやすいという人間の非合理性を前提としたうえで、宗教への惑溺の危険性を説く（宗教上の懐疑主義）と同時に、宗教への適度な信仰が社会の安定に寄与することを認識していたのである。この意味で、福澤の宗教観は健全な懐疑主義に基づいており、ヒュームの脱超越化と世俗化の宗教観と重なっている。

自由と保守の動態バランス論

さて、福澤の動態的バランス論としてまず指摘したいのは、日本の文明と自国の独立に関する自由と保守のバランス論である。彼は『文明論之概略』を書いた後、それに「緒言」を付して出版しているが、その「緒言」の終わりで「未完の文明論」とも言うべき構想について語っている。その構想とは、「今後は徹底して西洋の自由の書物を読み、徹底して日本の伝統の事情を詳らかにして、真に文明の全体論を著述する」というものであった。結局、福澤のこの構想は実現されることなく未完に終わったのだが、そこには福澤が常に、文明と自国の独立について自由と保守のバランスという枠組みで考えていたことが示されている。

ところで、この福澤の自由と保守のバランス論について、それは現実の政治現象に現われた対立する諸要因を足して二で割るといった体の通俗的バランス論ではないのかという批判がなされるかもしれない。確かに福澤のバランス論は、ヒュームのように哲学的認識論のレベルまで掘り下げられてはいない。その意味で通俗的であることは否定できない。だがそのことは、彼の議論が平板な、足して二で割るバランス論だということではない。むしろ彼の議論は、人間が織り成す現実の政治現象についての深い理解に基づいた、自由と保守の通俗的だが動態的なバランス論である。

この福澤の通俗的動態バランス論について、一つの例をとってみてみよう。彼は明治二十二年三月十八日から二十日の「時事新報」に日本の国会に関する三つの小論を載せている。それは、「政治の進歩は徐々にすべし、急にすべからず」（三月十八日）、「政治社会の門閥はいまなお存す」（三月十九日）、「旧藩政と英政と」（三月二十日）である。明治二十二年というのは大日本帝国憲法が発布された年であり、明治二十三年に第一回帝国議会が開かれる前年のことであり、この頃、福澤は日本の国会の将来のあるべき姿について多くの論考を著しているが、これはその一つであり、その議論の進め方に自由と保守に関する福澤の通俗的動態バランス論を見ることができる。

まず福澤は「政治の進歩は徐々にすべし、急にすべからず」において、日本に開くべき国会はたとえ英国に由来するとしても日本の国会であるという主張から論を進める。心を持たない草木でさえ、移植すれば成長の趣が変わる。まして、さまざまな主張が活発にぶつかり合う政治（国会）を移植するのであれば、なおさらその成長の趣は変わってくる。英国の国会を日本に移植すれば、日本独自の国会が出現する。最初は、日本人に固有の智徳習慣によって様々な考えがぶつかり合い、徐々にその智徳習慣が変形するに従って、国会の風も徐々に面目を改めて、終には日本にふさわしい国会が出現する。ところで、現在の日本の政治社会の智徳習慣とはなにかと言えば、「古流忠義の智徳と門閥の習慣」である。（福澤1960c, 74-76、以下頁数のみ）

とこう述べて、「政治社会の門閥はいまなお存す」の議論に続けていく。日本政治の智徳習慣は「古流忠義の智徳と門閥の習慣」であり、これを基礎として英政の風（国会）を移植し、徐々に日本固有の良政（国会）を求めるべきである。藩閥政治がまかり通っているのは、封建の旧門閥こそ廃したけれども、数百年日本人の骨髄にしみ込んだ習慣は容易に払うことはできないから、維新の門閥を新たに生み出したのである。しかも藩閥政治は維新の功臣によって担われ、彼らは維新の戦勝の余光を背にしているから、「天下の人心に銘すること深くして、その根拠は堅固」というべきである。とこのように述べつつ、ここから議論を転じて、そうだとしても、国会を移植する以上、子供の遊びではないのだから、それもまた自ずから民情を動かすようになるであろう。（76-79）

そしてここから、「旧藩政と英政と」において、門閥の習慣（秩序）と英政の風（自由）のぶつかり合いと動態バランスによって日本のあるべき国会がどのように生じるのかが論じられている。日本社会に門閥はなお存在し、他方で英国に倣って国会を移植するということは双方が衝突することになるが、将来を想像すれば、当分の間は「日本の封建政治に英政を調合」する調合政治でやっていくことになる。そもそも封建の藩政は上に藩主を戴き藩の執権はいずれも門閥出身でその地位は盤石に見えるが、実際には執政の進退は頻繁であった。そのわけは、「藩政の授受は士族の輿論に従う」、「執権職は藩士多数の嘱望による」という不文の習慣があったからである。そう考えると、封建政治に英政（国会）を調合するということは、藩閥政治も、藩閥と結びついた官吏社会の人望を収めるだけでなく、官吏社会の外の（国会における）郷士流の政談も無視できないということである。確かに現在の藩閥の勢いを考えると、今後十数年は藩閥勢力の輿論に依拠した藩閥政治が続くであろう。だが、郷士流の政談勢力も国会を利用して智略を尽し、藩閥に従いつつ藩閥の力を弱めて政権を窺うその有様は山翁（郷士勢力）と獅子王（藩閥勢力）の知恵比べであり、その中におのずと日本にふさわしい国会の姿を構想できると述べている。（79-82）

こうした福澤の議論の進め方からわかることは、「古流忠義の智徳と門閥の習慣」および藩閥政治に対する英政の風（国会）および郷士流の政談勢力について、一方で藩閥政治には「数百年日本人の骨髄にしみ込んだ習慣」と「維新の戦勝の余光」という根拠があり、他方で郷士流の政談勢力には国会の移植という時勢と「執政の進退は士族の輿論に従う」という封建政治の伝統という根拠があるということである。そのうえで、両者の対立とぶつかり合いの中で、それぞれの勢力がそれぞれの根拠を主張しつつ勝ったり負けたりを繰り返しながら、それぞれが変形することによって、日本にふさわしい国会のあり方（自由と保守の動態バランス）が生み出される。ここには、対立と根拠の相互承認、勝ったり負けたりと相互変容（変形）のプロセスとしての動態バランスの観念が認められる。それを彼は「山翁（郷士勢力）と獅子王（藩閥勢力）の知恵比べ」と表現したのである。

2　惑溺と怨望

そこで以下、『学問ノス、メ』（明治五―九年）と『文明論之概略』（明治八年）における人間の情念の深い理解（非合理性と動態バランス）と健全な懐疑主義について見てみることにしたい。

惑溺について

福澤の情念論と健全な懐疑主義との結びつきを明瞭に示すものとして、『文明論之概略』第二章「西洋の文明を目的とする事」に、「古習の惑溺」についての議論がある。惑溺とは国語辞典によれば、「物事に深く迷って本心を失うこと」とあるが、福澤の意味するところは、慣習であれ宗教であれイデオロギーであれ、一つのことに執着し溺れて他の考えを一切受け入れず排斥する独断的態度にある。それゆえ福澤はここで「古習の惑溺」について言っているのだが、古習に限らず、宗教やイデオロギーの惑溺を含んでいる。そしてそれに対して福澤は健全な懐疑主義の立場から、惑溺が文明と正反対の精神であると批判するのである。

惑溺の文字はその用いる所甚だ広くして、世の事物について様々な惑溺あれども……習用の久しき、あるいはその事物につき実の効用を忘れてただそのもののみを重んじ、これを装い、これを飾り、これを愛し、これを眷顧し、甚だしきは便不便を問わずしてひたすらこれを保護せんとするに至ることあり。これすなわち惑溺にて……（福澤2002b, 48-49、以下頁数のみ）

福澤によれば、日本人民の智力を進め自国の独立を維持するためには、「古習の惑溺を一掃して西洋に行われている文明の精神を取る」（48）べきである。ではそれは、徳川時代の古い習慣を一掃して、西洋の文明を丸ごと取り入れるということかというと、それは必ずしもそうではない。これについて福澤は、「近来我が国に行われている西洋流の衣食住を以て文明の徴候」（27）というべきかと問い、それはそうではないと言う。そして、文明の外形と文明の精神を区別する。文明の外形とは、西洋流の衣食住や西洋の技術や制度を指す。だが、文明の精神とは、西洋流のキリスト教の精神のことではない。それは西洋流に限らず、人民の自由の気風一般を指す。

では、人民の自由の気風を求める方法はなにか？　それは、人生の天然に従って心身の働きを用い尽くすことで、「自から人民一般の智徳を発生させ、自からその意見を高尚の域に進ませる」（30）ことにある。人生の天然に従って心身の働きを用い尽くすことが文明の精神への道である。

怨望について

それにしても、なぜ人間は人生の天然に従って心身の働きを用い尽くすことをせずに、容易に惑溺に陥り、一つのことに執着し溺れて他を排斥してしまうのか？　この疑問について、福澤がどう考えていたかの手掛かりとして、彼の怨望についての議論がある。

『学問ノス丶メ』第十三編「怨望の人間に害あるを論ず」（明治七年）という章がある。福澤はまず、貪欲吝嗇、奢侈我儘、誹謗中傷などの人間の欲心（悪心）を取り上げて、これらは一面において、人間の心の自然の働き（天性）に由来するから、「その働きの素質において不善なるにあらず」（福澤2002a, 138、以下頁数のみ）と言う。これらの欲心も場所柄やその強弱の度合や向かう所の方角によっては不道徳ではない。

貪欲吝嗇も銭を好む心が限度の内にあり銭を求める方向を誤らなければ、「これを節倹と言い、また経済と称して、まさに人間の勉むべき美徳の一箇条」（138）である。奢侈も同様であり、立派な家に住みたい、おいしい物が食べたいというのは人情であり、それが限度の内にあれば美事と称すべきである。誹謗中傷でさえ、人間社会の公正の道がいまだ見出されないのだから、何が正しいかについて他人の意見を非難するのは、それが限度の内にあるならば、誹謗中傷ではなく弁駁と称すべきである（138-139）。

そして福澤はこの他にも、驕傲と勇敢、粗野と率直、固陋と実直などを挙げて、「いずれも皆、働きの場所と強弱の度と向かう所の方向とによって、不徳ともなり徳ともなる」(139-140)と述べている。こうした議論はアリストテレスの倫理学における「徳は中の状態を指す」という議論を彷彿とさせる。また、貪欲吝嗇も銭を好む心が限度内であれば経済という美徳の一箇条であるという議論は、欲望の追求が活動と快と休息のサイクルを通じて洗練され、それがさらに勤勉と知識と人間性のサイクルへと発展し、社会に洗練された豊かさ(公共の利益)を生むというヒュームの「技芸の洗練について」の議論そのものである。いずれも、福澤の情念論における中庸ないしバランス感覚を重視する姿勢を示すものである。

ただし福澤は怨望(怨みや妬み)という情念は他の情念とは異なっていると言う。それはいかなる仕方でも徳にはなりえない。怨望とは妬みであり、自分の不幸(不満)を解消するために他人を不幸に陥れる陰険な心の働きのことである。福澤によれば、怨望はあらゆる悪徳の母である。猜疑心や嫉妬、恐怖は怨望より生じ、暗殺や陰謀、内乱など、あらゆる争いの元となる(140)。

この怨望の議論と惑溺論を関連づけるならば、怨望が人生の天然の働きをゆがめ、奢侈も限度を踏み外し、他人を蹴落として欲望を追求する貪欲への惑溺となり、弁駁も怨望によって誹謗中傷に溺れて、果ては暗殺や陰謀、内乱など、あらゆる争いの元となる。このように福澤は考えていたと思われる。

こうした福澤の議論は、人間の自己保存の要求のぶつかり合いと相互不信(疑心暗鬼)から万人の万人に対する戦争状態が生じるというホッブズの情念論を思い出させる。だが、両者の違いは、ホッブズの議論の出発点が羨望と虚栄心（過剰な自尊心）であり、それが相互不信を生んで戦争状態に至るというのに対して、福澤は妬みが人間の争いの元であると言っている。ホッブズの場合は、人間の積極的な自己主張の強さが争いの原因だといっているのに対して、福澤は人間の消極的で卑屈な心が「人類天然の働き」（141）をゆがめ、あらゆる人間の情念を適度な範囲を越えて惑溺に陥らせて、人間社会のあらゆる争いの元となると言っているのである。

怨望や妬みは人々の自由な言論や行動という人類天然の働きを抑えつける。それが卑屈な心を生み、他人の立身や成功を羨み、競おうとするのではなく嫉妬し足を引っ張ろうとし、それが暗殺や陰謀、内乱など、あらゆる争いの種を生むのである。したがって、怨望や妬みの根を断つためには、人々の活動や交流を活発にし、「嫉妬の念を断って相競うの勇気を励まし」、成功も失敗も自分の力で受けとめて自己責任（自業自得）の気風を養うことが大事である（144）。そうすればそこに堪忍の心が生じ、「すでに堪忍の心を生じるときは情実［同情相憐れむの心］互いに相通じて、怨望嫉妬の念はたちまち消散せざるをえない」（146）。福澤はこう述べて、暗殺者も堪忍の心が生じて無二の朋友となると、次のように述べている。

余、常に言えることあり、もし好機会ありてその殺す者と殺される者とを数日間同じところに置き、互いに隠すところなくその実の心情を吐露させることがあれば、いかなる讐敵でも必ず相和するのみならず、無二の朋友となることもあるべし。（146）

これはやや楽観的な見方であることは否めないが、党派の争いやイデオロギー対立など、一見合理的な利害の対立や一貫した主義主張のぶつかり合いから生じる争いのように見えるものが、実は「人類天然の働き」を封殺された卑屈な心から生まれる嫉妬や妬みに由来するという認識や、むしろ、人類天然の働きを活発にして自己責任（自業自得）の気風と堪忍（寛容）の心を養うことが大切であるという認識は、福澤の人間の情念についての深い理解を示すものであると同時に、ヒュームの健全な懐疑主義（動態的バランスと寛容論）と重なり合っている。[9]

9　なお、この福澤の議論は、既に述べたヒュームの『宗教の自然史』が、一神教の神は人間より無限にすぐれたものとして示され、それが最後の審判という恐怖と結びついたときに、人間の心を卑下（卑屈さ）と盲目的な服従へとひきおろし、そこから異教徒への怨恨と容赦のない不寛容が生まれると述べていることと重なっている（Hume 1993, 161）。そしてヒュームは、これに対して、多神教においては、「神々が人間よりもほんの僅かばかり優れ、そして神々の多くが低い身分から昇進させられてきたもの」なので、我々は神々との対応に対して遥かに気楽であり、「時には神々との優劣の競争を志すことさえもありうる」と述べ、そこから人間の活発さや勇気、寛容と自由への愛が生じると指摘している（Hume 1993, 163-164）。

3　堪忍と寛容

堪忍の観念

堪忍という観念はこれまでの福澤研究で議論されることはなかったようである。だが私の考えでは、この観念は福澤の情念論と健全な懐疑主義を理解する上でキーとなるだけでなく、次章以下で論じる彼の法の支配（権力平均の主義）や政治的知性（公智）の観念と深く結びついている。福澤が堪忍の観念を論じた最初と思われるのは、英国チェンバース社刊行の *The Moral Class-Book* という十歳程度の児童の道徳教育の教材を翻訳して明治五年に出版された『童蒙おしえ草』である。その第十五章「怒りの心を程よくし物事に堪忍し人の罪を免す事 Moderation in Anger – Forbearance and Forgiveness」の冒頭の部分の福澤の翻訳を一部原文を示しながら要約すると、

怒りは人の天性に欠くべからざるもので、不正に対する心の働きだが、怒りを道理の範囲内に収めて（to keep our anger within the bounds of reason）、怒りに乗じて怨み（意趣）を抱くことのないよう慎まなければならない。怒りを顕すべき真の道筋とは良いときを見計らい、

> 冷静に言葉を選んで思うところを相手に述べて、その人を正しい方向へ立ち返らせることである。根性悪く怨み（意趣）を含んだ怒りを抱くのではなく、静かに堪忍の心を養う（encourage a mild and patient disposition）べきである。心を虚しくして気持ちを平らかに悪事災難にも静かに堪忍する力（the power of bearing crosses gently and patiently）は人間の貴ぶべき徳義である。怨みをもって怨みに報いるときは元の悪事を倍にし、怨みを忘れて免すときは元の悪事は除去される。敵を変じて友と為すもこの法にある。自分から堪忍の姿勢を示せば人もそれに倣い、自ずから慈悲の心を生じて怨みを解くことができ、地球上に太平（good will and peace）をもたらすのである。（福澤1959a, 234-236）

とこう述べられ、堪忍の人の例としてソクラテスが挙げられ、ソクラテスは堪忍の人だが、それは悪妻として有名なクサンチッペの癇癪との稽古の賜物であり、その例として、あるときクサンチッペの怒りがあまりに激しいのでソクラテスが外に出たところ、クサンチッペは怒りにまかせて二階からバケツに入った雑巾がけの汚水を上から浴びせた。それに対して、ソクラテスは笑って「これだけ激しい雷鳴なれば、夕立雨も降るはずだ」と述べたという（237）。

『童蒙おしえ草』は児童の道徳教育という観点から説かれたものであり、人間社会の基礎にある堪忍（寛容）を論じているわけではない。けれどもそこに説かれている「怒りを道理の範囲内に収め」て怨みを解くための堪忍とか、「敵を変じて友と為す」という表現を見ると、それは明らかに先程の『学問ノス、メ』における怨望と堪忍の議論に通じている。

『学問ノス、メ』は『童蒙おしえ草』の翻訳とほぼ同時期に執筆が開始されている。[10]両者における堪忍の議論を図式的に整理してみると、(1)怒り（などの人間の情念）は人間生活に欠くことのできないものである。(2)だが、怒りも度が過ぎると怨みを含み、人間を悪事に導き、党派の争いを生むなど、人間社会に悪影響を及ぼす。(3)怨みを除去して怒りを道理の範囲内に収めるためには、堪忍の心が必要である。(4)堪忍の心を養うためには、人類天然の働きを活発にし、相競うの勇気を励まして、成功も失敗も自分の力で受けとめて自己責任（自業自得）の気風を身につける必要がある。(5)人類天然の働きと相競うの勇気から生じる自己責任（自業自得）の気風から生まれる堪忍の心によって、我々は怨みを除去して怒りを道理の範囲内に収めることができるだけでなく、相手の怨みを含んだ怒りに対して、堪忍の心でそれを許すことによって相手の怨みを解いて堪忍の心をうながし、（怨みを含んだ）敵を変じて（相競うの）友となすことができる。(6)堪忍の心が人間社会の平和をもたらすのである。

そしてこの「堪忍の観念がこれからの新しい日本社会と文明の基礎にある」という考え方を明確にしているのが、『学問ノス、メ』第七編「国民の職分を論ず」（明治七年）である。

ここで福澤はまず、国民は国法を重んじ、等しく国法に従わなければならないと主張する。それでは、国法が不正であったり不便であるときはどうなのかと言うと、そうであっても、その不正不便を口実にしてこれを破るの理はない。国法の不正不便を主張して、政府がそれを受け入れないとしても、自説に力を尽くしつつ堪忍して時節を待つべきである（福澤2002a, 74、以下頁数のみ）。では、もし政府が暴政を行って国民を抑圧するときはどうするのか。これについて福澤は、屈服して政府に従う、力で政府に敵対する、正理（天の理）を守って身を棄てる、の三つの方策を挙げて（77）、この第三の道を支持する。正理を守って身を棄てるとは、いかなる暴政の下で過酷な法に苦しめられても、それに耐えて我が志を挫くことなく、武器や力によってではなく、正理を唱えて政府に迫ることである。そうすれば、静かに正理を唱える者に対して、たとえ暴政府といえども同じ国の人間として、必ず「同情相憐れむの心」が生まれ、そうすれば、政府も自ずから過ちを悔いて必ず改心するに至るのである（79）。

ここでは、「自説に力を尽くしつつ堪忍して時節を待」ち、「正理を守って身を棄てる」ならば、暴政府も同情相憐れむの心が生じて改心するという議論がなされている。誤解のないように言っておけば、これは、国民が「正義」を貫けば暴政府も改心して善政を施すようになるという単純な議論ではない。ここで言われている「正理」とは「正義」を主張することではない。ただ、国民が自説に根拠があることを正々堂々と主張するということである。また、「同情相憐れむの心」とは憐憫とか「憐れみの心」ということではなく、「相競う心」ということである。政府が

10　『福澤諭吉全集』第三巻の「後記」によれば、『童蒙おしえ草』は『学問ノス丶メ』初編よりも先に稿を成し（明治四年四月）、『学問ノス丶メ』初編の刊行（明治五年二月）のあとに版に付されたとされる。

国民を相競うものとして認めるということである。

これを先述した明治二十二年の論説に見られる通俗的動態バランス論に重ねて言えば、まず国民が堪忍によって暴政府の相競う心をうながし、そこに政府と国民の動態バランスの素地が生じる。そうすれば、政府と国民の対立と根拠の相互承認、勝ったり負けたりと相互変容(変形)のプロセスの中で動態バランスが生まれ、国民の堪忍と政府の堪忍が相俟って社会の進歩と安定をうながすというのである。ここには、『童蒙おしえ草』(明治五年)や『学問ノス、メ』(明治五―九年)から明治二十二、三年前後の国会開設をめぐる議論にいたるまで、「人類天然の働き(自由な言論や活動)と相競う勇気が自己責任と堪忍を育み、こうした動態的バランス感覚が発揮されることによって、日本の文明と独立が可能になる」という福澤の一貫した考え方が認められる。

堪忍と寛容

福澤の堪忍の観念を理解する上で留意しなければならないのは、それが西洋の寛容の観念と重なり合う部分があると同時に、そうでない部分があるということである。西洋の寛容の観念は、一神教という宗教的風土を背景としている。一神教における寛容は、原理主義的なマジョリティの宗教が原理の異なるマイノリティの宗教(邪教)に対して寛容であるべきか否かという原理主義的対立の構図のもとで論じられてきた。そして、十八世紀以降、政教分離と信教の自由の原則が成立するにつれて、寛容の問題が政治的寛容の問題として論じられるようになったときにも、近代合理主義と理性の観念によって原理主義的発想が引き継がれた。そこでは、寛容とは「正しい」考えが「誤った」考えをやむをえず「許す」ことであり、「誤っている」相手の寛容によって「正しい」自分の考えが改められることは想定されていない。

これに対して福澤の堪忍（寛容）の観念は、多神教的多宗教的習合的価値観（非原理主義）を背景とし、人間の情念（非合理性）のぶつかり合いと動態的バランス感覚を前提として論じられている。そこには、マジョリティもマイノリティもそれぞれの良さをもった存在であると同時に、それぞれの良さをねじ曲げる存在（驕《おご》り、嫉妬し妬む存在）であるという想定がある。そして堪忍とは、それぞれの良さを引き出すために、それぞれの驕りや嫉妬や妬みをそれぞれが抑制し我慢しつつ、しかしそれぞれの主張（言いたいこと）を我慢するのではなく、「良いときを見計らい、冷静に言葉を選んで」主張をぶつけ合いその結果を受け入れるということである。

堪忍には、上からの堪忍という視点、マジョリティのマイノリティに対する堪忍（政府が驕りを抑制し、人民の声に我慢し耳を傾ける度量を持つ）という観点だけでなく、マイノリティのマジョリティに対する堪忍（人民が嫉妬や妬みを抑制し、政府に対して自分の考えを率直に訴えつつ、しかし政府の決定を受け入れる）という観点を含んでいる。つまり、相互堪忍、相互寛容なのである。政府と人民がそれぞれの立場から情念をぶつけ合い動態的バランス感覚を発揮し、政府は驕りを抑制し我慢することによって人民の嫉妬や妬みが和らぎ、人民は嫉妬や妬みを抑制し我慢することによって政府の驕りが減少し、それらが相俟ってそれぞれの良さが引き出されて、社会秩序の安定と発展に好影響を与えるという考え方である。

4　文明の精神と自由の気風

無事の世界と多事の世界

福澤はこのような相互堪忍と相競う勇気と自己責任の気風に支えられた自由と秩序の動態バランス（消極的正義）の状態を文明の精神が息づく有様と考えていた。そしてそれを『文明論之概略』第二章で、文明の精神が抑えつけられた「無事の世界」に対して「多事の世界」と述べている。それは「努めて人事を忙しくして需要を繁多にし、事物の軽重大小を問わず、多々益々これを採用して益々精神の働きを活発」にするような世界である。

とここで福澤は、日本の歴史にこのような文明の精神への道を見出すことができるかと問う。この問いについて、我々の日本史の「常識」によれば答えは否であり、徳川の専制政治や封建社会はまさしく「無事の世界」でありそこに文明の精神への道はないというものだろう。そして福澤自身も『文明論之概略』第九章「日本文明の由来」の有名な箇所で、「徳川の治世を見るに、人民はこの専制偏重の政府を上に戴き、……日本国中幾千万の人類は各々幾千万個の箱の中に閉ざされ、また幾千万個の障壁に隔てられるが如く、寸分も動くを得ず」（福澤2002b, 274、以下頁数のみ）と述べており、この見方からすれば徳川社会に文明の精神への道はないということになる。

だが意外にも福澤は、『文明論之概略』第二章では第九章とは異なって、徳川の治世を含む日本の歴史に文明の精神の萌芽と「多事の世界」への道を見出そうとする。その福澤の議論の筋道はいかなるものか、追ってみることにしよう。

福澤はまず、「純然たる独裁政府または神政府」という概念を提示し、それを「至尊の位と至強の力とを一に合して人間交際を支配」する政府と定義する。そして、中国（支那）と日本の文明を比較して、中国では周の末世に諸子百家の説が唱えられて異説争論が喧しく自由の気風があったと述べて、「自由の気風は多事争論の間にあって存する」（35）と主張する。[11] けれどもその後中国では、秦の始皇帝が焚書坑儒によって「多事争論」の源を塞ぎ、独裁政治となり、王朝が替わっても「至尊の位と至強の力とを一に合して世間を支配し、その仕組みに便利な孔子孟子の教えだけが世に伝わった」（35）のである。

これに対して、日本はどうであったか？　日本も古くは神政府の考えが支配して、至尊の位は

11　この「多事争論」は、かつて筑紫哲也氏のニュース番組で知られるようになった言葉だが、福澤がこの表現を用いているのは、私の知る限り、福澤全集を通じてこの箇所だけである。

至強の力を合わせ持つと信じられていたので、中国と異なることはなかったけれども、武家の代（鎌倉時代）に至って交際の仕組みを破り、「至尊必ずしも至強ならず、至強必ずしも至尊ならずの勢い」となった。そうなると、民心は至尊の考えと至強の考えとは別であると感じるようになり、それはあたかも胸中に二物を入れて運動を許すようなもので、すでに二物を容れて運動を許せば、その間に一片の道理が雑じることになる。こうして、神政尊崇の考えと武力圧制の考えと道理の考えが雑じることで、「三者各々強弱ありといえども一つとしてその権力を専らにするを得ず」、そうなればそこに「自ずから自由の気風が生じ」ることになる（36）。中国人が独裁君主を仰いで至尊至強の考えによって「一向の信心に惑溺する」のと比較して、日本人は思想に富み、「支那人は無事にして日本人は多事」であり、「心事繁多にして思想に富める日本人は惑溺の心も自ずから淡泊」となる。

このように［皇室の］至尊の考えと［将軍の］至強の考えと互いに相平均してその間に余地を残し、いささかでも思想の運動を許して道理の働くべき端緒を開いたのは、我日本偶然の僥倖と言わざるを得ない（37）。

ここで福澤は、日本の武家政治以来の伝統、皇室の至尊と将軍の至強とその間に胚胎した道理の平均の中に、日本人民の自由の気風＝文明の精神の萌芽があると主張している。だがそれは文明の精神の萌芽であって、文明の精神そのものではない。日本人も惑溺の心に依然として捕われており、ただそれは淡泊なのである。だから、至尊と至強と道理の平均によって自由の気風を一層育み、惑溺の心を衰退させて、日本人民の文明の精神への道を切り拓くことが肝要であると福澤は考えていた。

ここに福澤の保守的自由主義の特徴がある。つまり、福澤は、既に述べたように、人生の天然に従って心身の働きを用い尽くすことが人民の自由の気風、すなわち文明の精神への道であると言っているのであり、この意味で彼は自由主義の思想家である。と同時に彼は、この人民の自由の気風を、西洋の文明の精神に求めるのではなく、日本の武家政治以来の伝統（皇室の至尊と将軍の至強とその間に胚胎した道理の平均）に見出そうとするのである。

これに関連して、福澤が『帝室論』（明治十五年）や『尊王論』（明治二十一年）において、日本の天皇制を「政治社外のもの」としてその重要性を指摘したことはよく知られている。この意味で福澤の主張は保守主義である。そして、その主張の独創的なところは、天皇制について、人民の自由の気風に資する武家政治における天皇制の伝統、いわば現代の象徴天皇制に連なる伝統を守ることと、それに反する古習（神政府の一元政治）すなわち復古主義的天皇親政への惑溺を区別する点にある。

日本人民の内なる自由の気風

福澤は、『文明論之概略』の最終章、第十章「自国の独立を論ず」の最後で、「内外の区別を明らかにして我が本国の独立を保つ」、「自国独立の四字を掲げて、内外の区別を明らかにし、もって日本人のよるべき道を示す」(338)と述べている。この内外の区別を明らかにするとは、文明の外形たる西洋の科学技術や制度を積極的に受容しつつ、日本人が武家政治の伝統の中で培ってきた内なる文明の精神を明らかにすることである。そして、両者あいまって自国の独立を達成するという考え方である。ここにまさしく、自由と保守の動態バランスを説く福澤の保守的自由主義を見ることができる。

ただ残念ながら、ここで言われている日本の武家政治の伝統に表れた内なる文明の精神、日本人民の内なる自由の気風の萌芽について、『文明論之概略』では具体的に論じられていない。それは『文明論之概略』がまさしく「概略」であり、その「緒言」で「特に願わくば後の学者、大いに学ぶことありて、あくまで西洋の諸書を読み、あくまで日本の事情を詳らかにして、ますます所見を広くしますます議論を密にして、真に文明の全大論と称すべきものを著述し、もって日本全国の面を一新せんことを希望するなり。余もまた年未だ老したるにあらず、他日必ずこの大挙あらんことを待ち、今よりさらに勉強してその一臂の助けたらんことを楽しむのみ」(6)と述べられているように、「真に文明の全大論」を後世に委ねたという事情もあるだろう。もっとも、福澤自身、「今よりさらに勉強してその一臂の助けたらん」と述べているように、手がかりがないわけではない。そこで、『通俗国権論』(明治十一年)や『時事小言』(明治十四年)によってその手がかりを見てみよう。

福澤は、日本人民の内なる自由の気風の萌芽について、主に徳川の治世に培われた日本人の祖先遺伝の教育の習慣、日本人の競争の念、そして宗教の外に逍遥して品行を維持する武士の気風を挙げている。このうち、日本人の祖先遺伝の教育の習慣については、『通俗国権論』第四章「内外の事情を詳らかにする事」において、徳川の天下泰平の世に学問が大いに進歩して、中国に学んで中国を凌駕し、伊藤仁斎、荻生徂徠が朱子学を批判して古学派を興した「その見識は絶倫と称すべし」と述べ、次のように指摘する。

その他の儒学者、仏僧、文人、医者など、二百五十年余の間、天下に充満して、如何なる寒村片田舎といえども、よほど愚かで貧しい者でなければ、論語、大学の名を知らない者はなく、実語教（修身の教科書）を読まない者はなく、百人一首を暗誦しない者はなく、二一天作（珠算法）を知らない者はなく、……およそ国の人口を平均して字を知る者の割合を西洋諸国に比較すれば、日本は世界第一等と称することができる。（福澤2003b, 168、以下頁数のみ）

そしてさらに、日本の写本文化について、狸毛を用いた細筆の発明に触れながら、「徳川政府二百五十年の間、日本国中に著述記録して散逸したものを数えれば、ほとんど想像を絶する数である」（170）と述べる。そして、この日本人の祖先伝来の教育習慣をもってすれば、学問だけでなく、あらゆる技術工芸に至るまで、日本人の体質や智力によってできないことはないと主張する(173)。そのうえで、「日本の文明果して本来無一物なるか」と問い、すでに日本には固有の文明があり、その固有の智力をもって固有のことを行い、合わせて西洋の事物を採用して我が国固有のものとすれば、事物はますます繁多となり、智力はますます活動的となり、そうすれば、一身独立して一国独立することができる(175)と論を結んでいる。

また、『時事小言』第一編「内安外競之事」でも、これと同様の議論がなされる。そこでも「日本人民の天資と古来遺伝の教育」(福澤2003d, 28、以下頁数のみ)の指摘がなされ、日本人が洋書を学び始めたのはわずか数年前だけれども、「字を読み義を解するの教育」ははるか数十数百年、先祖代々の血統であり、「全国一般、読書推理の空気に浴し」たもので、それをタテの文章を読む代わりにヨコの文章に適用したにすぎない。タテの文章を読む力をヨコの文章に適用する。この「資力変形の主義は百般の人事」に通じるものであるから、日本人は「祖先伝来の資力」によって西洋の文明に対処することができる(29)。そしてさらに、幕末の攘夷主義者の排外主義でさえも、「その国を思うの精神」は深く感じるものがあり、自分の考えは他でもない、「この精神を変形してこれを今日に用い」(32)、排外主義を変形して欧米列強との競争の主義にすることを欲するものだと主張している。

この排外主義を変形して欧米列強との競争の主義へという考え方に関連して、『通俗国権論』第七章「外戦止むを得ざる事」に、庶民の偏狭な競争の念を変形して欧米列強との競争の主義へという議論がある。「百姓が家柄の本末を争い、田畑、家屋敷の境界を争い、さらには隣村互いに宮寺の普請を争い、相撲芝居の興行を競い、……事々物々日々夜々、競争の念あらざるはなし」。それも、利益を貪るだけでなく、「面目を重んじ正理を守り」、そのために「幾家の産を空しくし、幾人の命を失った例は古来珍しくない」（福澤2003b, 199-200、以下頁数のみ）。これらは皆、欧米列強との競争の主義の源である。

相撲、芝居、祭礼、式日等に、町や村の人々は集会して、事を相談し、壮年の輩が互いに競争するのは、無益な戯れに似ているが、決してそうではない。人心を結合するために有力な方便であるから、今後益々これを勧めて、自由自在に任せたいものである。また、裁判の道を自由にするのも競争の心を養う一手段であるから、煩を厭わず、益々出訴の手続きを便利にすべきである。人心を結合して競争の念を起こすのは報国心［欧米列強との競争の主義］の源である。（200）

また福澤は特に、日本の伝統の内なる文明の精神の萌芽としての「宗教の外に逍遥して品行を維持する士人の気風」（177-178）を強調している。ここで、士人（士族）というのは、必ずしも徳川の治世に家禄を有し帯刀を認められた武士に限らず、浪士、豪農、儒者、医師、文人等のうちで「その精神高尚にして肉体以上の事に心身を用いる種族」を指す。福澤はこの士人について、「日本の社会において事をなす者」、「活発の人」、「企てる者」等の表現を用いて、「この流の人は政治においても学術においてもまた殖産の道においても、全国の魁を為して人民の標準たるべき者なり」、「士族は国事の魁にして社会運動の本源」と述べて高く評価する（福澤2003d, 189）。

そして、この士人の道徳ではなく、いわば倫理的気風について、福澤は次のように述べている。

士人は神仏を信じるわけでもなく、礼拝に熱心でもないけれども、かと言って、神仏を敵視したり蔑視したりすると言うのでもない。試みに、士人に向かって人間は死後どうなるか、地獄や極楽はあるものかと問うても、単に知らぬと答えるのみ。それでは、宗教を等閑にするかと言えば、亡き友のために墓碑銘を刻み、父母の忌日や先祖の法事、氏神の祭礼は怠ることなく、宮寺の建立には米銭を奉納するなど、宗教の行事には極めて厳格である。それでいて、信仰心に篤いというわけでもないし、宗教の目的が何であるかも知らないと言うのでは、「首尾顚末の不都合」ここに極まれりと言うべきだが、「この不都合の間に悠々として、強いて争う者もなく、よくその心身を安んじてその品行を維持し、知らず知らずの間に社会の福祉をなす、人生の美事これより大きなものはない」、これが「日本の士人は一種の気風を有し、よく宗教の外に逍遥して自らその品行を維持する」ということである（福澤2003c, 243-244）。

ここには、本章の初めの、お稲荷さんとご神体や蓮如上人の『御文章《オフミサマ》』の話でみた福澤の宗教に対する動態的バランス感覚、脱超越的世俗的宗教観が一層明瞭に表れている。

堪忍（寛容）、自由の気風、文明の精神

以上見たように、福澤は日本人の祖先遺伝の教育の習慣、庶民の競争の念、士人の気風および資力変形の主義に日本人の内なる自由の気風の萌芽を見出していた。ただしそれは、自由の気風の萌芽であって、自由の気風そのものではない。それらはいずれも一歩道を誤れば、古習の惑溺に陥りかねないと福澤は認識していた。日本人の祖先遺伝の教育は古学者流の惑溺や陰陽五行説などの虚誕妄説の惑溺への道でもあり、田畑の境界争いや相撲芝居の興行争いも容易に偏狭な縄張り争いに陥りかねず、宮寺の普請争いも一つ間違えば虚誕妄説の惑溺の再生産となるだけかも知れない。また、日本社会において事を企て国事の魁となるべき士人がその活発な人間自然の働きを抑えられれば、怨望と妬みの念を生じ、日本社会に建設的な企てを為すどころか他人の立身出世を嫉妬し足を引っ張ろうとあらゆる争いの種を生む。そうなれば、日本人の資力変形の主義も自由の気風への道とは正反対の古風の惑溺を助長するだけになってしまう。このことについて福澤は大いに懸念していた。

したがって、福澤の日本人の祖先遺伝の教育習慣、庶民の競争の念、士人の気風や資力変形の主義に対する態度は、懐疑主義と期待が入り混じったものである。けれどもそれは決して悲観的なものではなく楽観的なものであった。但し、そのためには一つ条件がある。それは、人々がそ

れぞれ堪忍（寛容）の心を持ちつつ、「人生の天然」に従って心身の働きを用い尽くすことである。

だが、十七世紀イギリスの哲学者、トマス・ホッブズの「万人の万人に対する戦争状態」論が説くように、人々が「人生の天然」に従って情念をむき出しにして欲望のままにふるまえば、社会は大混乱に陥るのではないか？　その懸念に対して、福澤はそれはそうではないと考えていた。むしろ、「人類天然の働き」を抑えつけるからこそ、人々の怨望や妬みが生じ、自分の偏狭な考えに執着して惑溺に陥り、そこからあらゆる争いの種が胎胚する。これに対して、「人類天然の働き」を活発にすれば、確かに争いが生じるけれども、同時にそこには堪忍の心と自業自得（自己責任）の気風が生まれる。それによって資力変形の主義が自由の気風の方向に作用し、それがまた、人々の堪忍の心（日本的寛容の精神）を一層育み、文明の精神をより強固なものとする。この意味で、福澤は「人類天然の働き」から生じる堪忍の心こそが文明の社会秩序の基礎であると考えていた。彼は『通俗国権論　二編』（明治十二年）で次のように述べている。

そもそも、社会を維持するには堪忍の心より大切なものはない。なぜならば、天下の事物、一方に利があれば一方の害となり、一般に平均して利害得失は両立しがたいものが多いので、この利害の外に抜きでて双方ともによるべき方向を定めることが緊要だからである。例えば法律を厳しくすれば、政府の権力が増大して人民に害がある。租税を寛にすれば人民に利益だが、政府には損である。……利害の相反することはこのようであるから、双方が互いに堪え忍ぶ心がなければ、社会の交際は一日も保つことはできないことは明らかである。それでは、天下の人にこの堪忍の心を抱かせる所以のものはなにか。それはただ、小利害を捨てて大利害に着眼するの事情に依るのみである。……これを、彼我共同の方向という。すなわち英語に所謂「コモン・コース」というものがこれである。（福澤2003c, 222-223）

堪忍の心によってこそ、日本人の祖先遺伝の教育や庶民の競争の念や士人の気風は資力変形の主義と相まって、人々を文明の精神と自由の気風へと向け変えることができる。堪忍による「資力変形の主義は百般の人事」に通じる。『通俗国権論　二編』の主題は外国交際の困難（外患）ということだが、福澤はこれについて、幕末の攘夷主義者でさえ、その国を思う精神を堪忍の心によって変形して、欧米列強との競争の主義に変えることができ、それによって外国交際の困難に立ち向かうことができると述べている。こうした議論には、福澤の「人類天然（人間性）」の認識に基づく動態的バランス感覚と健全な懐疑主義が息づいている。

第三章

フランク・ナイトと健全な懐疑主義

1　フランク・ナイトとは誰か

フランク・ナイト（1885-1972）はこれまで論じてきたヒュームや福澤諭吉と比べて、経済学者を別とすれば、日本ではあまり知られていないと言ってよいだろう。『岩波世界人名大辞典』の「ナイト Knight, Frank Hyneman」の項目によれば、「アメリカの経済学者。イリノイ州生まれ。コーネル大学でジョンソンとA・A・ヤングの下で博士号を取得［一九一六年］。学位論文はのちに体系的著作『リスク、不確実性および利潤』として出版された。〈不確実性〉の概念を提示し、経済学者の関心を確率計算が不可能な事象にまで向けた本書の意義はいまなお大きい。……ヴァイナーと並んでシカゴ学派の創始者の一人と目される」。

本書はこのナイトという人物をシカゴ学派や新自由主義を代表する経済理論家としてではなく、

自由社会の経済、政治、社会を論じた思想家として、彼自身がそう述べたように保守的自由主義の思想家として論じる。

もっとも、ナイトがシカゴ学派の創始者であることは確かだが、同時に彼はシカゴ学派の第二世代であるミルトン・フリードマンなどの市場原理主義を厳しく批判していた。彼は市場の純粋理論の考察だけでなく、現実の市場における倫理の必要性について認識していたのである。これに関連して、「人間のための経済学」で知られる宇沢弘文がシカゴ大学で教えていた当時のナイトの思い出について述べている。ある時ナイトは、教授陣を前にしてフリードマンとG・スティーグラーについて、彼らは自分の下で勉強し論文を書いたけれども、今後はそのことを公言することを禁ずると述べたという。[12] またナイトは、広島、長崎の原子爆弾投下を厳しく批判し、広島の原爆で両親を失った女の子を養女にしてかわいがって育てていたという。（宇沢2013, 35-36, 66-67）

ここでナイトの著作として取り上げるのは、前述の辞典でも言及されている『リスク、不確実

12　さらに最近では、福祉主義の再配分政策を主張するリベラリズムを代表する哲学者ジョン・ロールズにナイトが与えた思想的影響について様々な研究がなされるようになってきている。佐藤方宣「ロールズと経済学史：『正義論』へのナイトの影響が意味するもの」（井上彰編『ロールズを読む』第十章、ナカニシヤ出版、二〇一八年）を参照。

性および利潤』（1921）と後期の著作である『知性と民主的行動』（1960）（一九五八年のヴァージニア大学公開講義）および『自由と改革』（1947）に収録された諸論文である。これらの著作の検討を通じて、ナイトの保守的自由主義の思想が初期から後期に至るまでどのように一貫したものであったかを明らかにすると同時に、彼の保守的自由主義の思想が経済思想から政治社会思想へとどのようにその関心の幅を広げていったのかについて論じてみたい。

そしてまた、ナイトの思想の中に、生きた時代も社会も違うヒュームと福澤諭吉という二人の思想家の保守的自由主義と重なり合う部分が認められることを指摘することによって、保守的自由主義が、原理主義やイデオロギーとは違った意味で思想としての普遍的意義を有することを論じてみたい。

［以下、第二部および第三部を通じて、ナイトの『リスク、不確実性および利潤』からの引用については、参考文献表の Knight（1921）の頁数のみとする。また、その他のナイトの著作の翻訳書の訳文は適宜変更を加えた。］

2 『リスク、不確実性および利潤』と健全な懐疑主義

ナイトの健全な懐疑主義の立場が最もはっきりと示されているのは、『リスク、不確実性およ

び利潤』である。この著作は、彼の初期のしかも唯一と言ってよい体系的な作品であり、特に第七章「リスクと不確実性の意味」以下の議論は、彼独自の人間論と認識論に基づいて展開されている。だが、この著作は二十世紀以降の自由主義経済思想の古典とみなされているにもかかわらず、現在に至るまで、その健全な懐疑主義と思想的意義について十分掘り下げた議論がなされていない。興味深いのは、この点もヒュームの『人間性論』と似ていることである。既に第一章で論じたが、『人間性論』（1739-1740）はヒュームが彼独自の人間論と認識論に基づいて人間の知識と政治経済社会を論じた最も初期の体系的な著作であり、しかし長く忘れられた著作として顧みられることがなかったが、それからほぼ二世紀を経た二十世紀初めにN・K・スミスがヒュームの「穏やかな懐疑主義」を唱えて以降、現代では『人間性論』はヒュームの主著であり、健全な懐疑主義の古典として高く評価されている。

さて、『リスク、不確実性および利潤』は、一言で言えば、ナイトの人間論と「日常感覚に基づく認識と行為の方法論」を自由社会と自由企業という人間が生み出した現象に適用したものである。そして、この日常感覚に基づく認識と行為の方法論にナイトの健全な懐疑主義が表現されている。

彼はまず、科学者や論理学者の知識と我々の日常感覚に基づく行為の基礎にある確信や意見との間の違いを強調する。第七章「リスクと不確実性の意味」の最後で彼は次のように述べている。

本章における検討の最も重要な成果は、科学者や論理学者が用いる知識と、実験室の外の［日常生活の］行為の基礎にある確信や意見の間の著しい対比である。我々が日常生活で行為する際の根拠となっている意見やほとんどの責任ある経営者の決定を支える意見と、徹底した分析と正確な測定によって導かれる結論とは、ほとんど類似性がない。心のプロセスは両者で全く異なっている。日常生活においては、大部分無意識である。我々はある出来事が生じるのをどうして予想したのかについてほとんど認識していないが、それは、忘れた名前を思い出すメカニズムを認識していないのと同様である。確かに、「直感」の無意識のプロセスと論理的熟慮の構造との間にはある類似がある。というのは、両者ともその機能は将来を予測することであり、予測の可能性は自然の斉一性に依存しているからである。それゆえ、どちらの場合にもある種のそしてある程度の分析と総合がなければならないが、［前者の］判断力の顕著な特徴は誤りやすいということである。（230）

この引用は第七章の結論部分であり、それだけにその主張は明確[13]であるが、その主張の内容についてては少し補足的に説明する必要がある。まず、責任ある経営者の決定も含めて、我々の日常生活上の決定、「生きるための通常の決定は粗雑で表面的な「評価」を基礎としている。」（210）この「評価」とは、「我々はある状況にこれこれの要因があると評価し、さらに、一定程度で存在するとされたある要因からある特定の結果が生じる確率を評価しなければならない」というようなものであり、それ自体、「根拠薄弱で不確かな「推論」に基づいている」(214)。こうした「評価」という心のプロセスは、上述の引用にあるように、「日常生活においては、大部分無意識である」。それをナイトは忘れた名前を思い出す無意識のメカニズムの例で説明している。それはまた、「判断」、「日常感覚」、「直感」という用語で表現されている(211)。

引用中のここまでのナイトの議論は我々の日常生活上の判断について、それがいかなる妥当な根拠に基づくものでもないという厳しい懐疑主義に立っているように見える。だがそこから彼は健全な懐疑主義へと舵をきり、「直感」の無意識のプロセスと論理的熟慮の構造との間の類似性に言及する。その類似性とは、無意識の「直感」や「判断」も、論理的熟慮と同様、将来の予測に関わっており、その予測の可能性は自然の斉一性に同じく依存していること、無意識の「判断」プロセスにも何らかの分析と総合が含まれていることである。それ故、それはそれなりの妥当な根拠を有している。ただしそれは論理的熟慮に比べてはるかに根拠が薄く、また誤りやすいものである。

興味深いのは、ここでのナイトの一見厳しい懐疑主義から健全な懐疑主義への展開がヒューム

13　なおナイトは、第七章の注で、自然法則に基づく科学的知識や論理的認識についても、「実は私は論理学的には徹底した経験主義者で、つまり、理論的推論に関する限り、直接的な経験的事実を超えるあらゆる問題について不可知論者である」(201)と述べている。

の健全な懐疑主義の議論とよく似ていることである。第一章のヒュームの懐疑と古代ギリシャのエリスのピュロンの懐疑の対比のところで論じたように、最初ヒュームはピュロンの懐疑の線に沿って、人はどんな事柄でも無限回経験することはできないからあらゆる知識は蓋然的で絶対確実ではないこと、また人間の判断力の弱さに由来する不確実性を指摘する。そして人間は「自分の判断に誤りがあるのではないか」という疑いが生じるたびにその判断を精査するが、精査するたびに確からしさは減少し、それを無限に繰り返すことによって遂には判断の蓋然性は無に帰する。ここまではピュロンの懐疑そのものである。だがここでヒュームは議論を反転させて、このような懐疑の意味を問い、それはまったく無意味であり、「自然は絶対的かつ必然的に、我々が呼吸し感じるのと同様に、我々に判断することを求めている」（Hume 1888, 183）と主張し、健全な懐疑主義に至る。ここでヒュームは、ナイトと同じく、判断 judgment という言葉を用いているが、それは、アネット・バイアーもヒューム自身の言葉として指摘しているように、「我々のこころの素晴らしい非理性的な本能」（Baier 1991, 281）と考えられている。

さて、ここで先の引用の議論に戻ると、ナイトが健全な懐疑主義へと舵をきるとはどういうことなのか。「評価」という無意識の心のプロセスが誤りを多く含むとはいえ、それなりに健全であるとは何を意味するのか。

それは、「評価」という心のプロセスが、日常生活を前に進めるための将来の予測に関わっているということであり、また、将来の予測のためのある種の分析と総合が含まれているということである。

まず、心のプロセスが未来志向であることについて、ナイトは次のように述べている。

機能的に考えると心の作用の本質は未来志向である。生命lifeとは外的存在や出来事への内的適応として述べられてきた。意識のない植物にとって、内的変化と外的変化は同時に生じる。動物や意識ある生命の根本的特徴は、ある状況が現実化する前にその状況に対して反応できるということである。つまり、「出来事が生起するのを見る」ことができるのだ。これが、神経システムの複雑なメカニズム全体の生物学的な「意味」である。生物体が環境に適応するには時間が必要で、より先を「見通す」ことができれば、より適切に適応することができ、より十分により良く生存することができる。（200）

すなわち、意識ある生命は、ある状況が現実化する前に、その将来の状況に対して反応できる、つまり、出来事が生起するのを予めイメージとして「見る」ことができる。そして人間は、動物に比べて、より先を「見通す」ことができるので、将来の状況に対してより適切に適応することができ、より十分により良く生存することができる。「明らかな事実は、我々が複雑に適応しているときにはいつでも、そこに意識があり、少なくともそれを推測せざるを得ないということである。」（201）

ナイトはまた、この将来の予測についての心のプロセスと科学的な因果法則に基づく説明の違いに関連して、次のように述べている。

［科学では］適応についての説明は、時系列的に、刺激と反応［原因と結果］という観点からなされざるを得ない。だが我々自身の経験では、我々は過去の刺激に対して反応しているのではなく、将来の状態の「イメージ」に対して反応している。日常感覚として言えることは、意識であれ「イメージ」であれ、そこに存在し働いているのである。直接的な刺激に反応するのではない場合、つまり「自発的 spontaneous」で未来志向である場合にはいつでも。あらゆる生物の反応が将来に対するものであることは明らかであり、生命活動がより高等であれば、それだけより遠い将来に対するものとなる。機械論的な科学が過去の原因によって生物の反応をどれだけうまく説明しうるとしても、日常感覚では、意識に現れた将来の状況に促されてその反応が生じたとどうしても考えてしまうのである。意識の役割は生物体にこの将来の「知識」を与えることである。（201）

この引用で面白いのはナイトが心の未来志向を「自発的」と表現していることである。これはヒュームの健全な懐疑主義のところで、人間の判断が過去の習慣を越えて作用する場合の「判断力

stretch of judgment」という表現を連想させる。既に述べたように、A・バイアーはヒュームの判断力について、「我々の判断力は我々の形式的判断［過去の習慣的知識］を乗り越える。我々は、我々の判断力を我々の規則化する能力よりも信頼する。我々は判断がなにか神秘的なもので、我々のこころの素晴らしい非理性的な本能であると考えている」（Baier 1991, 281）と指摘している。[14]

3　不確実な将来の予測のための分析と総合——主観的確率判断

ところで、話を元に戻すと、日常生活において人間の心が行う将来の予測には、科学的な因果

14　また、ナイトはこれに関連して、人間の判断力の進化と知覚の鋭さが反比例の関係にあると次のように述べている。「興味深いことに、知覚の諸能力は高等な生命体よりも下等な生命体の方がより正確で確度が高い。少なくとも、文明人はこの点で未開人や高等動物と比較して劣っている。推測というより高度な能力が広い範囲で知覚の諸能力に取って代わった結果、我々は明らかに推論の能力を発展させたが、感覚の鋭さという点では能力を失ったのである」（202）。ただし、同時にナイトは「知覚と推論を明確に区別することができない」とか、「理性的な動物［である人間］が単なる意識ある動物と違うのは、より意識的であるという程度の違いに過ぎない」（202-203）と述べており、ここには彼の経験主義的懐疑主義的議論の特徴である「相対的区別」の考え方が認められる。

法則に基づく説明とは違うどのような分析と総合が含まれているのか。

これについてナイトはまず、自然現象を科学的に認識する基礎条件として、「因果法則」、自然の「斉一性あるいは規則性」を指摘する。すなわち、自然現象の科学的認識が分析と総合に基づくというのは、将来の現象について、過去の諸現象間の原因と結果の分析および自然の斉一性の仮定から三段論法によって論理的に判断するということである。だが、日常生活における人間の判断はこれとは異なっている。まず彼は、「我々の日常感覚という表面的な見方」からすれば、現象という概念よりも出来事の方がしっくりすると述べて、次のように主張する。

我々の認識の前提となるドグマは次のようなものである。世界は次のような**出来事**からなっている、すなわち、**同じ状況の下では**、常に**同じように作用する**。特定の状況における推測または予測で実際問題となるのは、［出来事と状況と作用様式の］三つの要素のうち、最初の二つをめぐるものである。すなわち、我々が対処するのはどのような出来事か、それが生じる条件となる状況はどのようなものか？（204）

そしてここからナイトは、我々の日常的判断における分析と総合について次のような議論を展開する。すなわち、我々は日常生活において、「同じ状況の下では同じ出来事は同じように作用するという仮定」（205）に基づいて行為する。そのために我々は、現実に生じる様々な「出来事に類似性を付与し、同じ出来事として分類」する。だが、この同じ出来事として分類（分析）するというのは曖昧で誤りやすいものであり、科学的な厳密性を欠いている。出来事に類似性を付与し「連想する力はしばしば全く神秘的であり、妥当な推測を支える何か共通の実在的性質に基づくわけではない」（210）。にもかかわらず、我々は生きるための日常の決定において、それらの出来事を同じ事例として「評価」して分類し、そのような事例の集合化に基づく確率判断（総合）を現実に行っているのである。

ここでこれまでのナイトの議論を私なりに要約すると次のようになる。日常生活の様々な場面で、生きるためにまだ見ぬ将来に対処するためどう行動するか迫られる人間は、科学的認識のように因果性の原理に基づいて原因から結果を判断しているのではなく、いわば類似性の原理に基づいて過去の似たような事例（出来事）から将来起こりうる結果を判断している。その際、似たような事例というのは全く同一の事例ではなく、事例の特徴的な要素が幾つか共通しているということに過ぎないから、似たような事例だが異なる結果が生じることもある。それゆえ、似たような事例からの判断は誤り得るし不確実であり、科学的認識という意味での妥当性を有しないけれども、似たような事例を分類し集めて、その事例の集合の中で同じような結果が起こる確率を判断しそれに基づいて行動できるようになる。そのようにして人間は日常生活を送っているし、それでうまくいっている。[15]

さてナイトは、自由社会で日々生きるための判断の例として経済活動における経営判断を取り上げる。我々は自由なビジネス活動において、将来の不確実な状況に対処するために様々な判断を下すが、その判断は過去の類似の事例の分類と集合化に基づく確率判断によって行われる。その場合、その判断が計算可能な確率に基づく場合と計算不可能な場合とを区別して、ナイトは前者をリスク判断（統計的確率）、後者を不確実性の判断評価と呼んでいる[16]（225, 233）。

このうち、リスク判断の例として、ナイトはシャンパンのボトルの破裂の事例や火災保険の事例を挙げている。

ボトルの破裂はシャンパンの生産者に不確実性あるいは予測できない危険をもたらすものではない。というのは、どの事業者においても、ボトルの破裂について一定の確率が知られているので、その確率が高いか低いかは、特に大きな問題にならないのである。破裂による損失は一定の固定費用となって、消費者に転嫁される。それは、労務費や材料費などの支出と同様である。たとえ生産者が、安定した事業のために（短期間に）多数の［ボトルの破裂という］アクシデントの事例に単独では対処できないとしても、多くの生産者が参加する組織［保険の組織］を通じて、事業の安定性を容易に現実化しうる。これは、もちろん、火災の確率でよく知られた保険の原則である。ある建物が火災にあうかどうかは誰にもわからない。また、建物の所有者は、ほとんどの場合、損害を一定［の確率］に減らす十分な尺度を持っているわけではない（持っている場合もあるが）。しかしよく知られているように、保険

は［算定上の］ベースを大多数の人々に広げて偶然のアクシデント［による損害］を一定のコストに変換する。（213）

さらに保険のリスク判断の場合は、同じ事例の集合化に基づく確率判断の正確を期すために、保険会社は「［ある事例の］集合をできるだけ正確に定義することと、それから、（現実には常に存在する）特殊事情に従ってその分類に適用される係数を修正したり調整したりすること」（216）を常に行っている。そして、「最も高度に発達した保険の分野」（247）の例として生命保険が挙げられている。もっとも、こうした同じ事例の集合化に基づく確率判断といっても、完全に同一の事例の集合化による確率判断はありえないので、科学的認識の厳密性に比べればその妥当性が低いけれども、それなりに妥当性を有するのである。

これに対して、計算不可能な不確実性の判断（評価）には、保険のリスク計算の基になるような客観的に類似の「事例を分類する**いかなる妥当な根拠も存在しない**」（225）。その例としては、

15　ここには、ヒュームの健全な懐疑主義と同様、いわば懐疑主義的帰結主義とでもいえるような考え方が認められる。

16　もっとも、ナイトは同時に、計算可能な確率と「評価」の違いについて「程度の問題に過ぎない」（225）と述べていて、ここでも、先の注14で述べた「相対的区別」という考え方が見られる。

経営者が重要なビジネス上の決定を行う場合が挙げられる。それは保険のような統計的確率に基づくリスク判断とは異なる。なぜならば、「ビジネス上の決定は、一般的に言って、一つ一つがあまりにもユニークな状況に対処するものなので」（231）、保険の場合のように、客観的に類似の事例の集合化に基づく確率判断を行うための事例が十分な数集められないことによる。だが、ナイトによれば、このような場合でも経営者が現実に確率判断を行っていることは「事実であり、そのことは、強調しても強調しすぎることはない」（226）。

それでは、それはどのような類似の事例の集合化に基づく確率判断なのか。それは、事例としては一つ一つユニークであり、それぞれ異なっているけれども、どれも同じ経営者が真剣に判断した事例であるという点で主観的に類似性を有する事例集合に基づく確率判断である。ナイトは次のように述べている。

それは、全く異なった根拠に基づいて、類似の事例の分類を行う可能性である。すなわち、客観的に見て似たような状況における他人の決定［の事例］を考慮する代わりに、これまでのあらゆる状況における同じ人間の決定［の事例］を考慮しうるということである。このやり方が実際に非常に広く行われていること、驚くほどの数の決定が、明確な統計的決定の形をとり得ないにもかかわらず、現実にこのような確率判断に基づいていることは、論争の余地はない。すなわち、人間は経験上、正しい判断をする自分自身の能力について、他者の同

様な能力についてさえ、多少とも妥当な意見を持っているということである。(228)

ここでナイトは、同じ人間の判断という主観的類似性を有する事例集合に基づく確率判断に加えて、主観的類似性を有する事例集合という考え方を他者の判断に適用して、それに基づいて他者の判断を(自分が)確率判断する場合にも言及している。前者は、たとえばある人がビジネスで様々な修羅場を経験し、失敗や成功を積み重ねてきた事例の集積が血となり肉となって、その人の経済活動における判断の基礎となっているということである。いわば経営者の「事業を見る目」である。また後者はかなり込み入っているのだが、「評価の評価」とか間接的判断と呼ばれるもので、ある人が他者Aの失敗や成功を積み重ねてきた経験を観察して「この人は信頼できるとかできない」と評価して、そうした評価をAやBやCなどの数多くの他者に関して積み重ねて、そのような他者の判断力一般に対する自分の評価の失敗や成功の事例集合に基づく自分の判断力の評価(評価の評価)によって他者を判断するということである。これはいわば優れた経営者の「人を見る目」ということだろう。

こうした判断や評価についてナイトは、「多少とも妥当な意見を」含んでいると主張するのだが、それらは保険のリスク判断のような客観的に類似の事例の集合を基礎とする確率判断という意味での「妥当な」判断ということではない。それは、健全な懐疑主義に含まれている、失敗も多いことを十分認識しつつ全体としてうまくいけばそれで良いという意味での懐疑主義的帰結主義と結びついた「妥当な意見」という考え方である。

以上のようにナイトは、将来の不確実性に対処するための我々の日常的判断について、⑴客観的に類似の事例の集合化に基づく確率計算と、⑵同じ人間の判断事例の集合化に基づく確率判断（評価）と、⑶他者の判断力一般に対する自分の評価事例の集合化に基づく確率判断（評価の評価）の三つを挙げている。

ここで、話が相当込みいってきたので、もう一度ナイトの議論を整理してみよう。問題になっているのは、人間の認識と行為についてのナイトの健全な懐疑主義とはどのような考え方か、ということである。それはまず、我々が日常の経済活動で下す判断は誤りも多く科学的な厳密性を欠いているけれども、将来の生活の不確実性に対処するための判断としてそれなりにうまくいっており、その判断は自然科学の因果的推論とは異なるけれども、それなりの分析と総合の方法に基づいているという主張である。それでは、「それなりの分析と総合の方法」とは何かというと、それはすなわち、類似の事例の集合化という方法であり、そうした方法に基づく確率判断であるがゆえにそれなりに「妥当な」ものであり、かつそのようなものとして現実にうまく機能していると言う。つまり、ナイトの健全な懐疑主義とは「我々の日常判断は、将来の不確実性に対処するための、それなりの分析と総合の方法すなわち主観的に類似の事例集合に基づく確率判断であり、そのようなものとして妥当性を有し、誤りも多いけれども、それなりにうまく機能している」という考え方であり、いわば懐疑主義的帰結主義に立っている。

4　不確実性に対処する主観的確率判断と自由企業という社会システム

さてこのように整理したときに、それにしてもこのような確率判断が「妥当」であるというのはどういうことなのか。それは、このような判断が我々の社会生活の基礎を成し、我々の社会制度の存在理由を成しているということである。それではそれは、どのように我々の社会生活の基礎を成し、どのような社会制度の成立根拠となっているのか。

これについては、先の三つの確率判断のうち、第一の「客観的に類似の事例の集合化に基づく確率計算」が我々の社会生活と社会制度の基礎を成しているというのは、我々の社会生活の重要な部分が様々な保険制度によって支えられていることを考えれば首肯しうる。けれども、「同じ人間の判断事例の集合化に基づく確率判断」や、更には「他者の判断力一般に対する自分の評価事例の集合化に基づく確率判断」が我々の社会生活の基礎を成しているというのはどういうことなのか？　それらは我々のどのような社会制度の存在理由となっているのか？

これに対するナイトの答えは、『リスク、不確実性および利潤』の核心部分を成すものだが、「これらの確率判断は、我々が自由社会における将来の不確実性に対処するために駆使してきたものであり、自由企業という社会制度を生み出すことによって我々の社会生活の基礎を成している」というものである。いわば、経営者が数多くのビジネスの事例で培った「事業を見る目」や「人物を見る目」は、自由企業という人間社会の不確実性に対処するための社会制度の存在根拠なのであり、その意味でそれなりの「妥当性」を有するのである。

これについてナイトは第九章「企業と利潤」および第十章「企業と利潤（続）」で、企業という組織形態の成立について「不確実性が存在しない社会を取り上げて、そこに不確実性が導入されたと考えて、社会の構造にどういう変化が起きるかを確かめる」（264）という議論から始めて次のように論じている。

> 不確実性が導入され，無知という事実によって、また知識ではなく意見に基づいて行動せざるを得ないことによって，エデンの園のような状況は、その性格を全く変えてしまう。不確実性が存在しないならば、人々のエネルギーはもっぱら物事を［機械的に］行うのに費やされる。そうした状況においては、知性が存在するかどうかは疑わしい。完全情報が理論的に可能であるような世界では、あらゆる生物の［環境への］適応は機械的であるだろう。あらゆる生物は自動機械である。……
>
> 不確実性が存在し、何をどのようになすべきかを決める任務がそれを実行する業務に対して優位である場合、生産集団の内部組織はもはや一律のあるいは機械的な構造ではない。物事を決定し指揮監督する機能を集中させることは必須であり、生物の進化において生じた脳

への集中のように必然であり、その理由も生物の進化と同様である。(268-269)

ここでナイトは、将来について不確実性が存在せず、将来への対処が過去の知識に基づいて可能である場合には、我々の将来の生活環境への適応は全く機械的であり、生産集団の内部組織も一律で機械的な構造であるが、不確実性が存在する場合、我々は将来の経済環境の変化についての不確かな意見に基づいて、何をどのようになすべきかを決めなければならないと述べている。だが、そのような不確かな意見に基づいて物事を決定する能力は、すべての人間に平等に備わっているわけではない。そこから、生産集団の内部組織に、物事を決定し指揮監督する機能とそれに従って機械的作業に従事する機能の分化が生じる。

これについて、ナイトは次のように述べている。

人間は他者を効果的にコントロールする能力や何をなすべきかを決める知的能力に差がある……それに加えて、自分の判断や能力の確信の程度や、自分の考えに「賭けたい」という性格も、人によって様々であるということも考慮されねばならない。この事実が、組織形態のもっとも根本的な変化(すなわち、確信をもって決断を下す者が「リスクを負い」、疑い深く臆病な者に対して[彼らに]実際に割り当てられた仕事に[結果にかかわらず]一定の報酬を「保証する」システム)を生み出したのである。(269-270)

こうして自由企業というシステムが生み出されるのだが、一旦そうした機能分化が生じると、自由企業の経営者は数多くの事例について物事を判断し決定するようになり、同じ経営者の判断事例の集合化に基づく確率判断が可能となり、それによってより良い経営判断がなされるようになり、人間社会における不確実性に対処するための自由企業というシステムが定着するようにな る。この同じ人間の判断事例の集合化がより良い確率判断を生むことに関連して、ナイトは次のようなことを述べている。

最善の判断と最高の能力を発揮する場合でも失敗の余地は必ずある。ある事例の成功は、判断と能力を合わせたものに全て帰すことができるわけではない。最善の人でも一定の割合で失敗するし、最悪の人でもある程度は成功する。一回の事例あるいは少数の事例の結果はせいぜい、能力が見られるまたは見られないという見解にある程度の推定を与えることができるにすぎない。能力の信頼できる評価にはかなりの数の事例が必要である。その場合でも、その能力の種類や程度によって違いがある。事業の遂行には、客観的記述的意味で、一つとして互いに非常に似ているという事例はない。「それにもかかわらず」我々が「経営の」「一般的能力」についての評価を行い、それが価値があるというのは、人間の心の動きの一つのミステリーであるが、我々がそれを行っているという事実はもちろん争う余地がない。(281)

そしてナイトは事例の集合化が能力の信頼できる評価を生むことについて、この引用の部分に注を付して次のように述べている。

ゲームの技でよく知られているように、ゴルフで二十フィートのパットを沈めるとか、ライフルで百ヤード先の二インチの雄牛の目を射ることは必ずしも高い技術の証明ではないし、三フィートのパットを外すとか、八インチの円の外に打ち損じても技術がないということではない。こうしたことは技術があってもなくてもどちらもありうるので、十分な回数の試打の成否の割合だけがその芸当の本当の能力の指標となる。（281）

将来の経済環境の変化に適応するために生産組織に求められるのは、不確実性に対処しうる能力と意思を持った人間（経営者）である。そこに自由企業が胚胎し、経営者の判断事例の集合化に基づく確率判断がより良い経営を生むことで自由企業が定着する。これが、人間社会の不確実性に対処する自由企業という社会制度の存在根拠として、「同じ人間（経営者）の判断事例の集合化に基づく確率判断」、「事業を見る目」がそれなりの「妥当性」を有することの意味である。

それでは、「他者の判断力一般に対する自分の評価事例の集合化に基づく確率判断」あるいは「評価の評価」、所謂「人物を見る目」が自由企業という社会制度の存在根拠であり、それなりの

「妥当性」を有するとはどういう意味か?
ナイトによれば、自由企業の事業規模の拡大に伴って、一人の経営者があらゆるビジネスの局面で「事業をみる目」を発揮することはますます困難となる。そうした状況において、経営者が責任をもって事業の指揮監督を行うためには、個々のビジネスの局面で実際に物事を判断し事業を遂行する下級職工から上級の役員に至る様々なレベルの現場の判断力を判断する「人物を見る目」が必要となる。そして自由企業が発展し規模が拡大するにつれて、組織全体としてこの他者の判断力を判断することはますます重要となる。彼は次のように述べている。

企業のオーナーは役員を選任し、その役員は主に、会社のビジネスを実際に実行する責任者を選任することを任務とする。そして、役員自身は会社の一般的方針についての指揮監督を行なう。さらに、企業が大きくなれば、役員によって選ばれた責任者はビジネスの方針についての一般的な監督をするのみで、その場合の主な役割はビジネスの指揮監督に実際に関わるほとんどの決定を行なう下位の責任者を選任することになる。……(291)

我々が「指揮監督」と呼ぶものは主に、「実際に指揮監督する」誰か別の人を選任することである。ビジネスの判断は主に人間を判断することである。……(291)

組織の領域では、責任ある指揮監督と呼ばれる資質が依存する知識は、状況認識とか問題の認識とか変化に対処する手段の知識ではなく、これらの知識についての他者の知識である。……（292）

ここでは、自由企業（自由社会）における間接的判断の重要性、「他者の判断の判断」、「評価の評価」の重要性が繰り返し強調されている。企業の様々な現場で実際に決定を下す人々の判断事例を集積し、それに基づいて彼らの判断力を判断し、それぞれにふさわしい職場に配置する。そうした判断、「評価の評価」を繰り返し、それが組織全体に浸透して行われることによって、自由企業の大規模化とそれに伴う組織の拡大が可能となる。もっともこうした判断は科学的に妥当な判断とは全く異なっている。すなわち、

我々は、他者の意見や能力の価値についての我々の意見を、人格を判断するという直感的能力を通じて形成するのであり、彼に委ねようとしているような問題に対処する際の実績を参照することはあまりない。もちろん、そうした直接的な証拠をできるだけ用いるけれども、それは普通、それ程考慮されない。最終的決定は良い意味での直感に近いものであり、それは、顔の表情の微妙な変化から彼の考えや感情を読み取るというようなミステリアスなもので、様々な関係［する諸要素］から即座に知覚するというものである。（293）

にもかかわらず、我々のこうした直感的でミステリアスな判断が自由企業という社会制度の発展と存続を可能にしてきたのであり、その限りでこうした判断は、それなりの妥当性を有するのである。

5 「自由な人間の判断」への信頼と懐疑

これまで見てきたように、ナイトの『リスク、不確実性および利潤』(1921)における健全な懐疑主義とは、我々が日常生活において将来の不確実性に対処するために行う主観的確率判断は誤りやすいけれどもそれなりの分析と総合の方法を有しており、そうした「自由な人間の判断」が自由社会において自由企業というそれなりに妥当な社会システムを生み出してきた、という主張である。

この健全な懐疑主義と自由企業を擁護する姿勢は後年の『知性と民主的行動』(1960)や『自由と改革』(1947)においても基本的に変わりはない。けれども、自由社会を支えるためには自由経済だけでなく自由な民主政治も欠かせない。そして、ナイトの関心が「自由社会と自由企業」だけでなく、更に「自由社会と民主主義」へと広がる中で、健全な懐疑主義の基礎にある「自由な人間の判断」への信頼と懐疑の比重の置き方に変化がみられるようになる。すなわち、自由企業の妥当性を論じた『リスク、不確実性および利潤』では「自由な人間の判断」に対して懐疑しつつも信頼にウエイトが置かれていたのに対して、民主主義の妥当性を問う『知性と民主的行動』や『自由と改革』では「自由な人間の判断」への懐疑によりウエイトが置かれるようになっている。

「自由な人間の判断」には、人間は将来の不確実性に対処するために自由な判断を行うけれども、その判断を行う人間自身がパラドックスに満ちた存在であるという考え方が含まれている。そして、この「自由な人間の判断」への信頼と懐疑の比重の置き方に信頼から懐疑へという変化が見られるのである。

まず、『リスク、不確実性および利潤』の議論を見てみよう。「自由な人間の判断」のうちで最も根拠が薄弱なものは、自由企業活動において企業家が下す主観的で間接的な判断、「事業を見る目」であり「人物を見る目」である。それについて、ナイトは次のように述べていた。「主観的判断が実際に非常に広く行われていること、驚くほどの数の決定が、明確な統計的決定の形をとり得ないにもかかわらず、現実にこのような確率判断に基づいていることは、論争の余地はない」(228)。また「他者の判断の判断」、「評価の評価」について、それは相手の「顔の表情の微妙な変化から彼の考えや感情を読み取るというようなミステリアスなもので」(293)あるにもかかわらず、自由企業という社会制度の発展と存続を可能にしてきたと主張されている。さらにまた、現代の間接民主主義においては、自由企業で最終的責任を負う企業家(および株主)の立場に相当するのは、有権者である。ナイトはこの有権者が自由な選挙において自らの代表を選択する際に「政治家を見る目」を発揮すること、「他者の判断力の判断」、すなわち政治家の判断力を判断することの重要性を指摘し、それこそが民主主義の進歩を可能にするとしたうえで、それについてやや楽観的な見方を紹介している。

民主主義の知性と効率へと向かう進歩は、究極的な主権者である有権者が自らの関心をすぐれた代理人［政治家］を選別することに集中し、彼らに現実の政策形成と政治を委ねることにかかっている。……クーリー教授（*Social Organization*, p.129 & Chap.13）は大衆の能力を信じることに基づいて、民主主義についての楽観的な見解を述べている。すなわち、大衆は、政治的イシューや統治の技術については無知だが、政治家としてのすぐれた資質について、ある種の直感に基づいて賢明に選択するというのである。（302）

また、人間性のパラドックスについては次のように述べられている。

我々は実際、あらゆるものが「月並みな」世界で生きたいとは思わないだろうし、それはつまり、我々は我々の活動が完全に合理的であることを望んではいないということである。けれども、「知性的に」行為しようとする場合、我々はできるだけ完全に［目的と手段を］

適合させよう（つまり先見の明を発揮しよう）とする。そこには、既に指摘されたように、（行為における）無視しえないパラドックスがある。我々は、「落ち着いて冷静なときには」十全かつ完璧な形で求めようとはしないような物事について、それを［できるだけ十分な形で］追求しなければならないと感じている。おそらく、目的追求への興味をそそるのは、その目的を達することが明らかに不可能であるという事実である。いずれにせよ、我々は確かに不確実性を減らそうとする。我々はそれを我々の生活から除去しようと求めるべきではないけれども。（238）

我々が既に［人間性の］パラドックスを指摘してきたように、知性的な行為という観念は不確実性を減少させる努力を含んでいるが、にもかかわらず、落ち着いて冷静に考えると、不確実性のないあるいはおそらく非常に縮減された生活でさえ魅力的とは思わないのである。（348）

ナイトがここで繰り返し指摘しているのは、人間の知性的な行為は不確実性を減少させる合理的な努力を含んでいるが、にもかかわらず人間は不確実性のない生活は魅力的と思っていないという人間性のパラドックスである。だが人間は、このパラドックスをいわば逆手にとって、不確実性のある生活こそが魅力的であると考える種類の人間を経営者として選別することによって自由企業という組織を生み出してきた。ナイトは述べている。

　ビジネスにおける、そしてあらゆる人生における大部分の実践的問題と同様、予見しえない状況に対処する人間の能力を選別するという問題は、パラドックスと明らかに理論的解決不可能性を含んでいる。［だが］それは、長い人生の多くの［理論的に］不可能な出来事と同様、常に解決されてきた。……ある状況において生じるであろうような出来事が（選別されるに値する）能力によって対処しうる種類のものであることは、予め予想できる。大規模な組織が形成されうまく機能しているということは、この原則が健全であり、かの［理論的に］不可能な問題について、間違った解決以上に正しい解決が現になされていることを論証している。（298）

『リスク、不確実性および利潤』では人間性のパラドックスとは、「人間は合理性を追求しつつ不確実性を夢見る存在である」というものであった。それはやや楽観的な姿勢であり、「人間は自由企業という様々な問題を抱えながらもそれなりに妥当性を有する組織を生み出してきた」という懐疑主義的帰結主義と結びついている。これに対して、『知性と民主的行動』や『自由と改革』における人間性のパラドックスは、「人間は反社会的な社会的動物である」（Knight 1960, 53、ナイト2012, 78）というやや悲観的なニュアンスを伴っている。それが自由企業の負の側面およびそれを是正するはずの自由な民主政治に対する懐疑に繫がっている。
ナイトの「反社会的な社会的動物」という観念は、人間は正反対のことを夢想する愚か者であるという人間観と不可分に結びついている。[17] すなわち、一方で人間は不安も争いもない絶対的な平和を夢見る存在である（Knight 1982a, 196-197、ナイト2009, 146）。だが他方で、人間は自分の意見が神聖で絶対に正しいと夢想する存在であり、自分とは異なる意見に対抗心を燃やして、それを否定し打ち負かそうとする論争的存在である。

人は異なる意見を持つ動物であり、自分の意見に固執する動物であって、うぬぼれ、偏見を持ち、独善的な上に自分の意見は神聖ないし絶対的であるとの思いにふける存在である。（Knight 1960, 132、ナイト2012, 190）

人間は［社会的動物だが、］また反社会的で既存の法秩序を破る存在で、競い合って権力を渇望し、諍いを好む存在である。（Knight 1960, 31、ナイト2012, 45）

17　さらにナイトは「冷静な合理性を求める不合理な熱情」（Knight 1960, 18、ナイト2012, 25、また、Knight 1982c, 460、ナイト2009, 198）について、人間は冷静かつ合理的に思考しているときでさえ合理性を徹底して追求しようという不合理な熱情に捕われると述べている。

自由社会は自由企業という組織形態を生み出してきたが、それは一応妥当なものであるに過ぎないので、自由な民主政治によって常に補完されねばならないが、民主政治の現実は、自由企業以上に「反社会的な社会的動物」という人間性に由来する困難を抱えている。[18]

ナイトは『知性と民主的行動』の「合理的規範の探求」という章で、自分の議論の目的は、自由社会において民主政治を通じて知性的な政策決定を行なう困難の根本的原因を指摘することであると述べる。その上で、問題は人間が「自分の意見に固執する独善的な動物であり、意見を形成していく過程では、無批判的に夢見がちになるだけでなく、論争を好むようになる」ことであり、それは人間と制度に関する分野、その中でも特に価値判断に関わる分野つまり政治に当てはまるのであり、したがって議論による統治をめざす民主政治において知性を発揮するためには、こうした人間性の矛盾に向き合わなければならないと指摘している[19]（Knight 1960, 9、ナイト2012, 12-13）。

しかしながら、こうした民主政治に対する懐疑にもかかわらず、自由社会が持続可能であるために民主政治が必要であること、それゆえにこそ民主政治は人間性のパラドックスに向き合いながら、人間に生来備わっている空想的な性格を自覚し、この世に抜本的な解決策などないことを認識し、身の丈にあった漸進的な改革を模索すべきである（Knight 1960, 10-11、ナイト2012, 14）という、自由な民主政治に対する健全な懐疑主義の姿勢をナイトは一貫して保持し続けている。

彼はすでに『リスク、不確実性および利潤』の最後で、人間社会の持続可能性のための漸進的改革の必要性を説いていた。

人間社会の恣意的、人為的、道徳的あるいは合理的改造の究極的困難は、人間社会の持続性にある。というのはそこでは、人々は裸で生まれ、貧しく無力かつ無知で何の訓練もされず、人生の三分の一を自由に契約する存在として必要なものを習得するために費やさねばな

18 興味深いのは、このナイトの「夢想的な愚か者」と「反社会的な社会的動物」という議論が福澤諭吉の『文明論之概略』における「古習の惑溺」の議論と重なっていることである。福澤は「古習の惑溺」について、「その事物につき実の効用を忘れてただそのもののみを重んじ、これを装い、これを飾り、これを愛し、これを、眷顧し、甚だしきは便不便を問わずしてひたすらこれを保護せんとする」（福澤2002b, 48-49）と述べているが、要するにそれは、慣習であれ宗教であれイデオロギーであれ、一つのことに執着し溺れて他の考えを一切受け入れず排斥する独断的態度である。そしてこの惑溺が、自分の考えが否定されたときに卑屈な心を生み、他人の立身を妬み足を引っ張ろうとする陰険な心、怨望と結びつくことによって、あらゆる争いの元となると論じられている。

19 彼は、晩年の「自由放任主義」（1967）と題する論文の中でも、人間性をめぐる事実はそれが矛盾の塊だということであり、相反する言説が同様に真実であることを指摘しつつ、自由企業と民主政治は自由社会における協力の基本的枠組みだが、他方で対抗心が人間性の主要な現実であり、特に民主政治において主要な動機となっていると述べて、民主政治の難しさを指摘している（ナイト2009, 248-249）。

らないのである。……持続体としての社会についての根本的事実は、社会が次々と生まれては死に他人にとって代わられる人間達から成っていることであり、……生命の光に加えて、物質的豊かさと増々精緻になるテクノロジー、そして人間の社会性を育む慣習が、こうしたものすべてを持たずに生まれてくる新しい人々に、これまでもそうであったように、何とかして引き継がれなければならない。我々の社会秩序は、私的な家族制度と私的所有制度（モノの所有と自己所有を含む）、相続と遺贈と親の責任という制度であり、……それは理想的でもないし善きものでもないが、それを根本的に変革することの難しさを率直に考えれば、特に我々が何を望んでいるのかについての我々の無知と意見の対立を考えるならば、社会改造の提案について慎重かつ謙虚であるべきだろう。（374-375）

そしてこれに呼応するように、ナイトは『知性と民主的行動』の最後で述べている。

我々は自由社会が持続可能であるために、民主政治において真に自由な議論を通じた知性的合意とは何かを学ばねばならない。…特定の道徳や宗教、イデオロギーによって善悪を決め付けることは何の解決にもならない。…自由社会における自由には多くの限界がある。そしてその限界を自覚し、それを受け入れ、その限界の範囲で知性的に行動すること。それこそが人生のかけがえのない賜物である自由を得るための代償なのである（Knight 1960, 172、ナイト2012, 245-246）。

第二部　法の支配

福澤諭吉（1835-1901）

第一章
ヒュームと権力平均としての法の支配の観念

1　はじめに

保守的自由主義の第二の特徴である法の支配とは、「絶対的権力は絶対的に乱用され腐敗する」という認識に基づいて、国家のみならず社会生活一般における権力の集中を排し、権力の平均を法の支配の本質と考える。それが、十六、十七世紀以降のヒューマニズム（人間中心主義）の発展に伴って、権力平均の制度としての自由企業と自由な民主政治を擁護する姿勢となっている。

ヒュームは、権力の平均としての法の支配について、どのように考えていたのだろうか。彼は、基本的には君主制と法の支配という観点から、ピューリタン革命から王政復古を経て名誉革命に至るイングランド史の文脈における君主と議会との権力の平均を論じているが、「完全な共和制の構想について」(1752)という論考において、共和制と法の支配についても語っている。

つまり、ヒュームの権力の平均としての法の支配の主張とは、「共和制であれ君主制であれ、その政体が、その時代その社会の制約を受けつつも、自由と秩序の動態バランスを維持しつつ、持続可能であるためには、法の支配ないし権力の平均についての何らかの仕組みを保持していなければならない」というものである。

一般的に言えば、現代の法の支配はアメリカの立憲民主主義と共和制的な三権分立制において最も優れた形で実現しているといえるだろう。アメリカ合衆国憲法は国家権力を三つに分立させ、その平均によって権力の乱用を防止してきた。議会が法案を可決しても大統領が署名しなければ効力を有しないし、大統領が政策を実行するための予算には議会の承認が必要で、大統領と議会が法律を制定しても、連邦最高裁が違憲判決を出せば無効だが、連邦最高裁判事の任命には、大統領の指名および議会の助言と同意が必要である。そして、こうした権力の平均を善きものとしてそれを支持する人民の自治の実践がある。

実際、アメリカの立憲主義的共和制が、建国以来、二百五十年の長きにわたって、しかも現在三億を超える人々によって支持され続けているという事実は、アメリカ的な法の支配の卓越性を物語っている。しかしそれは、アメリカの法の支配が完全なものであるとか、法の支配の唯一の形式であるということではない。アメリカの立憲主義的共和制といえども、法の支配が権力の平均によって自由と秩序の微妙な動態バランスを維持する仕組みである以上、そのバランスが崩れて、権力の横暴と腐敗が蔓延し、法の支配が形骸化する可能性は常に存在する。また、権力の分裂と乱立によってむきだしの力と腐敗が横行する中で、秩序を回復しつつ権力を抑制する仕組みとして、法の支配を尊重する君主制が求められる場合がないわけではない。

消極的正義としての法の支配

ヒュームが法の支配を構想したのは、名誉革命からほぼ半世紀を経た英国であり、そこでは君主制における法の支配が問われていた。彼は「政治を科学にするために」(1741) において、法の支配について次のように述べている。

> 立法者は、国家の将来を全くの運に委ねてしまうのではなく、公の行政を子々孫々に至るまで規制する法システムを定めるべきである。結果[良き統治]は常に原因[法システム]に従う。いかなる国においても、賢明な法規は後世に残すべき最も貴重な遺産である。どんな些細な会議あるいは部署であれ、その業務がなされる手順や方法が明確であることは、人間の生来的傾向である腐敗に対する有効な防止手段であるとするならば、公の行政において[はなおさら]、その事情は同じであるに違いないのである。(Hume 1985, 24)

実はこの文章は、ヒュームがマキャヴェリの『君主論』における議論を念頭に置きながら、東洋の圧制的な君主制と西洋のより穏やかな君主制を比較して、後者の方があらゆる点で好ましく、臣民だけでなく君主にとって安全なものであると述べた後に続く文章である。このことからも分かるように、ヒュームが法の支配を論じるときに彼の念頭にあったのは、法の支配と制限君主制の問題であった。またそれと同時に、ヒュームの法の支配への関心は「人間の生来的傾向である腐敗」の防止という表現からもわかるように、いかにして権力の横暴と腐敗を防止しうるかにあったことは言うまでもない。この意味で、ヒュームにとって法の支配は、なにか理想の政体をめざす積極的な正義概念ではなく、どのような政体であれ権力の横暴と腐敗を防止する仕組みがなければならないという、いわば消極的な正義の観念を表現するものとして考えられていた。

誤解のないように言っておけば、法の支配は積極的正義ではなく消極的正義に関わるということは、ヒュームが良き統治にとって法の支配を重要ではあるが非本質的なものと考えていたということではない。すでに論じてきたように、ヒュームの基本的スタンスは健全な懐疑主義であり、この立場からすれば、積極的正義の概念を容れる余地はない。ただ消極的正義の観念を論じうるのみなのである。そしてこの消極的正義の観念は、彼の保守的自由主義の立場を反映して、自由と秩序の動態バランスを示すものであり、この動態バランスを支え保障するのが法の支配ないし権力の平均という工夫なのである。確かにこの工夫は、自由と秩序のバランスが動態的で絶えず変化しつつあるものである以上、唯一の理想的な形ということはありえない（もしそれを認めるならば、それは積極的正義論に変質してしまう）。けれども、ヒュームの健全な懐疑主義と保守的自由主義の立場からすれば、また腐敗や横暴に生来陥りやすい人間存在を考えるならば、この工夫は最も貴重で称賛に値する工夫なのである。ヒュームは、自由と秩序の動態バランスを維持するための法の支配について、次のように述べている。

あらゆる自由な国家において、自由を確保し公共の利益を協議するための手続きと制度、特定の人々［為政者］の貪欲さや野心を抑止し処罰する手続きや制度を、熱意を込めて主張することには十分な理由がある。人間がそのように高貴な熱意（so noble a passion）を持ち得ると考えることほど、人間性に敬意を表することはないし、人間にはそのような高貴な熱意が欠けていると考えるほど、人間の心根の卑しさを示すものはない。（Hume 1985, 26）

2　制限君主制と法の支配

制限君主制のパラドックス

さて、ヒュームの制限君主制と法の支配ないし権力の平均に関する議論は、率直に言って、決してわかりやすいものではない。その理由は、一つには、ヒュームの「制限君主制のパラドックス」という認識にある。すなわち、ヒュームは、制限君主制が当事者間の理性的合意を通じて法の支配ないし権力の平均を生み出したわけではないと考えていた。むしろヒュームは、制限君主制が偶然を含む試行錯誤の過程を経て、いわば意図せざる結果として法の支配ないし権力の平均を生み出したと考えていたように思われる。そして、こうした入り組んだ議論の構造が彼の議論をわかりにくくしていることは否めない。

ヒュームは「議会の独立について」(1741) の中で、もしある政体においてある機関が望むなら国家の全権力を手に入れることができるような権力配分がなされていたとしても、にもかかわらずその政府は正しく混合政体として存続しうることを指摘する。そして、「それは混合政体とはなりえない。人間生来の野心からすれば、全権力を手にしうる機関は絶対的で無制限の政体を必然的に求めるはずである」という批判に対して、英国の制限君主制がその例であると主張する。英国の政体においては、議会が望むなら絶対的権力を得ることができるにもかかわらず、議会の権力は適切な限界に止まっている。ヒュームは問う。このパラドックスはどのように解くことができるのか? (Hume 1985, 43-44)

実は、このパラドックスに対するヒュームの答えは、必ずしも説得的なものではない。彼は、議会の権力が適切な限界に止まっているのは、機関としての議会の利害と議会を構成する個々の議員の利害が対立するからであると述べる。つまり、議会が絶対的な権力を持つと多くの議員にとって不利益が生じるので、いわば個々の議員が議会を牽制して議会の権力を適切な限界にとどめているというのである。ヒュームは述べている。

君主は［行政の長として］思い通りにできる多くの官職や官位を保持しているので、議会の誠実で公平な部分に訴えることによって、少なくとも古来からの政体［制限君主制］を維持するために、議会全体の決議に強い影響力を行使しうるのである。（Hume 1985, 45）

ここでは、多くの議員にとっての不利益とは、君主と徹底的に対立することによって、君主から官職も官位も得られないということを意味する。これは悪い言い方をすれば、君主が官職や官位を取引の材料として議員の歓心を買うということであり、ヒューム自身もこれについて「腐敗と媚びへつらい」の温床であると認めつつ、しかしそれが適切な程度と仕方で行われるかぎり、制限君主制と不可分のものであり、英国の混合政体の保持にとって必要なものであると主張している。

このような議論が、英国の制限君主制と法の支配ないし権力の平均との結びつきを説明するために、一定の根拠を与えるとしても、十分に説得的でないことは明らかだろう。ただここでは、こうしたヒュームの説明の仕方に関して、二つの点を指摘しておきたい。一つは、こうした説明の仕方からも分かるように、ヒューム自身、英国の制限君主制と法の支配ないし権力の平均との結びつきが盤石なものであるとは考えていなかったということである。むしろ両者の結びつきは多くの歴史的偶然によって可能となったのであり、依然として脆弱で不安定なものであるとヒュームは考えていた。もう一つは、君主が古来からの政体を維持するために官職や官位を用いるという言い方の中に、ヒュームが君主における政治的権力の部分と伝統的権威の部分を区別して認識していたように思われるということである。例えばヒュームは英国国王の巨万の財力に言及した箇所で、それと併記して、国王の権力、威厳及び大権（**the power and dignity and majesty of the crown**）という表現を用いている（**Hume 1985, 49**）。もちろんヒュームが英国の国体の特徴として、権威の部分と権力の部分の区別を明確に論じているわけではないが、保守的自由主義者として、君主制には政治的権力の要素と伝統的権威の要素があるとヒュームが認識していたことは十分に考えられる。また、後の私の議論との関係で言えば、福澤諭吉の保守的自由主義における法の支配ないし権力の平均を論じる際に、福澤が明治日本の立憲君主制における天皇に由来する権威と議院内閣制に由来する政治的権力を区別して、両者の平均によって日本的な法の支配を構想したということがある。だがこの点については、後の議論に譲ることにしよう。

法の支配の不安定性

ヒュームは英国の制限君主制と法の支配ないし権力の平均との結びつきが必然的で安定した持続可能なものであるとは考えていなかった。これについては次の二点を指摘しうる。一つは、ヒュームが制限君主制について、それが一般に不安定なものであると繰り返し指摘していることが挙げられる。例えばヒュームは英国における国王派と議会派の違いを論じた論文の冒頭で、道理のわかる人であれば英国の混合政体を維持することに異存はないだろうが、英国の政体の共和制的部分と君主制的部分の正しいバランスは極めて微妙で不確定であると述べている（Hume 1985, 64-65）。また、議会の独立を論じた論文では、その最後において、一般に両極端の間の適切な中間を求めることは難しいとした上で、それゆえに制限君主制は不安定たらざるをえないと指摘している（Hume 1985, 46）。つまり、制限君主制が不安定である以上、制限君主制と法の支配との結びつきも不安定であらざるを得ないということである。

これに加えて、ヒュームは制限君主制と法の支配の結びつきが必然的なものだと考えてはいない。むしろ、両者の結びつきは、パラドックスを含んだ、その意味でいわば意図せざる結果なのである。このパラドックスについてヒュームはいろいろと議論していて、上述したように、英国議会の権力が絶対的なものにならずに適切な限界にとどまって制限君主制が成り立っているのは、君主が議会に対抗した必然的な結果であるというよりは、議会の個々の議員が議会の足を引っ張った偶然的事情に由来するという逆説もその一つである。そしてさらに、制限君主制と法の支配の結びつきが別の種類のパラドックスに由来することについて、興味深い議論を行っている。

ヒュームは「出版の自由について」（1742）という論文の冒頭で、制限君主制の英国において、他のヨーロッパの政体には見られないほどに言論出版の自由が認められていることを指摘する。そのうえで、その理由が、（社会契約説が説くような市民の理性的合意にではなく、）制限君主制に特有の、制限されているとはいえ依然として大きな権力を有する君主に対して、議会を支える一人一人の国民が抱く嫉妬と猜疑心（jealousy）にあると指摘する。そうした国民一人一人の君主に対する嫉妬と猜疑心が議会を動かして言論出版の自由を認めさせてきたのである。

彼はまず、フランスの絶対君主制とオランダの共和制、およびイギリスの制限君主制についてそれぞれ次のように述べる。

絶対君主制では、君主の権力が絶対的なので、君主は臣民の行動についてなんの**疑念**も抱かない。その意味で、臣民はある種の自由を享受する。これとは逆に、共和制では、すべてが国民の権力に基づいているので、国民は為政者になんの**疑念**も抱かない。その意味で、為政者はある種の裁量権を享受する。……

これに対し、英国のように議会の権力（共和制的要素）が優っているけれども君主も依然として権力を有しているような制限君主制の場合には、国民は君主に対して強い**嫉妬と猜疑心**（jealousy）を抱くようになり、君主の権力行使を制限するようになる。［英国では議会は、］自分たち［の権力］を守るために、君主の行政官たちに嫉妬と猜疑心の目を向けねばならないのである。彼らのあらゆる裁量権を除去し、一般的で不変の法律によって国民の生命と財産を確保せねばならないのである。［すなわち、］いかなる行為も法律が犯罪として明確に規定したもの以外には、犯罪とみなされてはならない。いかなる犯罪も裁判所における

法的証拠に拠らなければ、人に罪を帰すことはできない。(Hume 1985, 10-12)

一般に、英国における法の支配の成立は歴史的慣行に基づくと考えられてきた。ただ、この歴史的慣行の内容とはどのようなものかについて、暗黙のうちに、市民の間の合理的な判断と合意の集積によって歴史的に形成されてきたものとして、みなされてきたように思う。その意味で、ヒュームがここで、一般的見方とは異なって、英国における法の支配という「合理的な」制度がある種のパラドックスに由来する、つまり、国民の君主に対する非合理的な嫉妬と猜疑心(jealousy)に由来する、いわば意図せざる結果であるとしていることは注目に値する。

健全な懐疑主義と法の支配の観念

私の考えでは、この法の支配についてのヒュームの考え方は、人間現象に関する健全な懐疑主義と深く結びついている。第一部第一章で述べたことだが、ヒュームの健全な懐疑主義を象徴する政治的感性の進化や経済的感性の進化は、いずれもある種のパラドックスを含んでいる。政治的感性の進化について言えば、最初は党派的熱狂のぶつかり合いだったものが、感性の進化によって「ライバルの意見がときに正しいこともあるということについて互いに納得させ、賞賛と非難のバランスを保つ」という動態的バランス感覚が生まれ、それが政治的寛容の精神と公共への熱情へと発展する。また経済的進化については、最初は私的な欲望(贅沢)の追求だったものが、活動と快と休息のサイクルが感性の進化をうながし、それが勤勉と知識と人間性というもう一つのサイクル（動態的バランス感覚）を生み出すことによって、快を貪るという悪徳を抑制しつつ、市場において欲望（贅沢）の洗練と多様性をうながし、意図せざる結果としての公共の利益を達成する。そしてこうした党派的熱狂や私的欲望の追求から意図せざる結果としての公共性へという図式は、嫉妬と猜疑心（**jealousy**）から意図せざる結果としての法の支配へという図式と重なり合っている。

もちろん、ヒュームの立場は懐疑主義である以上、こうした感性のパラドックスは偶然、適度に作用することによってしか公共性に結びつかない。党派的熱狂のぶつかり合いが相互不信の蔓延となり、暴力の連鎖と内乱に陥る危険性は常に存在するし、私的な欲望（贅沢）の追求が快を貪る悪循環となり、市場が弱肉強食の場と化する可能性も否定できない。それと同様に、国民の行き過ぎた嫉妬と猜疑心が君主の圧政を生み出し、あるいは逆に、国民が徹底した嫉妬と猜疑心によって君主を放逐した後で、国民自身が党派に分裂し内乱状態に陥る可能性もありうるだろう。だがそのいずれの場合も、法の支配は存在しえない。法の支配が存在しうるのは、国民の側の嫉妬と猜疑心の適度な行使とそれに対する君主の適度な権力行使という権力バランスが、国民と君主の双方における感性の進化によって習慣化したときである。この意味で、制限君主制と法の支配は確かに危うい基盤の上に成り立っている。しかもなお、ヒュームは健全な懐疑主義の立場から、制限君主制と法の支配の可能性について前向きに考えていたのである。彼は述べている。

過去には、共和制を讃えるためにだけ用いられていた「**人間の支配ではなく、法の支配**（**a government of Laws**）」という言葉は今や文明化された君主制についても当てはまるだろう。そこには、秩序と方式と斉一性が驚く程認められる。所有権は確保され、産業は奨励され、技芸は興隆し、君主は、子供たちに囲まれた父親のように、臣民と信頼関係にある。（Hume 1985, 94）

3　共和制と法の支配

ヒュームは共和制と法の支配の関係についてどのように考えていたのだろうか。彼は共和制と法の支配の関係について、制限君主制と法の支配の関係よりは安定したものと考えていた。しかし、健全な懐疑主義という立場からして、共和制と法の支配の関係を国民の理性的合意に基づく必然的なものとは考えていなかったように思う。さらに、特に英国の制限君主制という歴史的文脈を無視して、共和制を論じる危険性と無益さについても自覚していた。

ヒュームは前述した「議会の独立について」において、議会の権力と君主の権力の両極端の適切な中間を求める制限君主制の不安定さを指摘した際に、それと対比して、共和制の安定性が権力配分の制度と政治的決定のルールに基づいていることについて次のように述べている。

純粋な共和制では、権力が複数の合議体や議会に配分されているので、権力のチェックやコントロールが規則に従ってなされる。またそれぞれの合議体のメンバーはその能力や徳性においてほぼ平等であると考えられているので、その数と富［の多少］と権力［の有無］のみが［規則的に］考慮される。（Hume 1985, 46）

こうした議論の一方で、ヒュームは共和制もまた腐敗を免れないことを指摘する。彼はその例として、自由政府が国民の人気取りのために、国家の歳入（国家の信用）を担保として公債を乱発し、放漫財政によって国家の財政破綻に陥る可能性を指摘している。これは、現在の我が国の財政赤字の危機的状況を考えれば他人事ではないのだが、ヒュームはこれについて、財政の健全化の必要性を説いている。

財源の枯渇によって、過重な税負担を強いられ、さらには、国土の保全や防衛すらできなくなり、それによって我々の自由を呪い、他の国民と同じように隷属を望むようにならないためにも、財政の健全化（**frugality of public money**）を進める十分な動機が存在する。（Hume 1985, 96）

さらにヒュームは、「英国政府は絶対君主制に向かうのか、共和制に向かうのか」（1741）と題した論文において、英国の歴史的文脈を踏まえるならば、共和制を望むことは危険であり、絶対君主制の方がまだましであると述べている。

［というのは、共和制がクロムウェル独裁に陥ることは別にしても］これまでの英国の政体を前提にすれば、下院（the house of commons）が共和制の唯一の立法機関となるけれども、その場合には多くの不都合が生じる。下院が複数の党派に分裂した場合、選挙のたびに内乱が生じ、それが繰り返されれば、党派はさらに分裂し、あらゆる恐怖政治に見舞われることになる。そして、そのような暴力的な政府は、長くは続かないのだから、結局は、数多くの政争と内乱の末に、我々は絶対君主制に安心を求めることになり、それならば、最初からそれが平和裡に確立していた方がよかったということになる。したがって、絶対君主制が英国の政体の最も安楽な真の**安楽死**（Euthanasia）なのである。

それゆえ、明らかな危険が君主制から生じているという理由で、君主制に嫉妬と猜疑心を抱く理由があるとすれば、人民政府に対しては、もっと恐ろしい理由で、より一層嫉妬と猜疑心を抱く理由がある。そしてこのことは、あらゆる政治的論争において、節度の大切さを我々に教えているのである。（Hume 1985, 52-53）

いずれにせよ、ヒュームは、英国の歴史的文脈で共和制と法の支配を論じることに、あまり実益を感じていなかったように思う。彼は、「統治の第一原理について」（1741）の最後でも、英国の政体になりそうもない共和制に危険な情熱を傾けるのではなく、古来の政体を大事にしてその改善に努めるべきであると述べている（Hume 1985, 36）。

もっとも、ヒュームは後に、「完全な共和制の構想について」（1752）と題した論考において、彼自身の共和制の構想をやや詳しく論じている。率直に言って私は、この論文とこれまで言及してきた他の諸論文との関係がいかなるものであるか、ヒュームはこの論文において、英国の政体に関して、共和制と法の支配の関係を考え直したのかといった疑問について、十分な回答を持ち合わせていない。ここではただ、ヒュームが共和制と法の支配について、現代の法の支配の理論からいっても、極めてユニークな視点を提供していることについて、述べておきたい。

前述したように、法の支配についてのここでの立場は、共和制であれ君主制であれ、その政体が持続可能であるためには、自由と秩序の動態バランスを持続可能な形で維持する何らかの仕組みが必要であり、それが法の支配ないし権力の平均の意味するものである。現代の法の支配は、アメリカの立憲民主主義と共和制的な三権分立制が建国以来、二五〇年の長きにわたって、しかも現在三億を超える人々によって支持され続けているという事実によって、主に立憲民主主義と共和制の枠組みで理解されてきている。しかし、ヒュームが制限君主制と法の支配の議論で明らかにしたのは、政体のいかんにかかわらず、法の支配が治者に対する被治者の嫉妬と猜疑心という非合理的なダイナミズムによって、いわばパラドクシカルな関係の中で成立するということである。この考え方をアメリカの法の支配に適用するならば、アメリカの立憲民主主義と共和制的な三権分立制は、市民の理性的な討論の積み重ねの賜物ではなく、治者に対する被治者の嫉妬と猜疑心という非合理的なダイナミズムが、アメリカの建国から現代に至るまで、持続的に作用し続けた結果であるということになる。もちろんヒュームの時代には、現代におけるような立憲主義は知られていない。それゆえ、彼の議論には、（市民の熟議に基づく合理的な合意ではなく）治者に対する被治者の嫉妬と猜疑心という非合理なダイナミズムが立憲主義を可能にしたという議論は見られない。けれども彼の議論には、共和制は、治者に対する被治者の嫉妬と猜疑心という非合理的なダイナミズムを組み込むことによって、法の支配が完全なものになるという考え方が認められる。そしてこの考え方の中心をなすのが、彼の「完全な共和制の構想について」における競争者会議 the court of competitors の構想である。

競争者会議と法の支配

ヒュームの「完全な共和制の構想について」では、百ある州の各州議会選挙で選ばれたそれぞれ百名の州議員によって構成される百の州議会からそれぞれ一名選出される合計百名の元老院議員達からなる元老院が全ての統治権（行政権および司法権）を握っている。元老院はいわば連邦政府ないし連邦統治院のような組織である。そして競争者会議は、何らの権力も持たないけれども、元老院（連邦政府）を牽制し、権力乱用を防止するための制度として構想されている。ヒュームはこの競争者会議について次のように述べている。

［州議会における］元老院への候補者のうち、州議会議員の三分の一以上の票を獲得し、か

つ元老院に選出された者の次点であった者は、州政務官や州議会議員を含めて、一年の間全ての公職に就くことはできないが、競争者会議に議席を持つ。……

競争者会議は、共和国においてなんらの権力も持たない。ただ公会計の監査と、誰であれ元老院に訴追することだけを行う。もし元老院が無罪とした場合、競争者会議は国民すなわち州政務官または州議会に訴えることができ、この訴えを受けて、政務官または州議会は、競争者会議が指定する日に会合し、それぞれの州から元老院議員を除く三名ずつを選出し、……新たな裁判によって訴追を行う。

競争者会議は元老院に対し法律を提案することができ、却下された場合、国民すなわち州政務官または州議会に訴えることができ、彼らはそれをそれぞれの州において検討する。元老院の投票によって元老院から除籍された元老院議員は誰でも競争者会議に議席を持つ。

（Hume 1985, 519-520）

こうした議論からわかるように、ヒュームは競争者会議を元老院（連邦政府）の権力乱用を抑制する仕組みと考えている。競争者会議の会計検査院的な性格もさることながら、元老院に訴追する対象として、元老院議員が当然含まれることを考えるならば、それが元老院に対する牽制であることは明らかだろう。元老院がそれを却下した場合、競争者会議は州政務官または州議会に訴えて新たな裁判を提起しうるというのも、元老院を牽制する仕組みとしての実効性を考えてのことであろう。さらに、競争者会議の元老院牽制的性格を如実に表しているのが、「元老院から除籍された元老院議員は競争者会議に議席を持つ」という規定である。競争者会議は元老院選挙で惜敗した者や元老院から追い出された者からなる、いわば雪辱を期する者たちの会議なのである。

興味深いことは、この競争者会議の構想が「法の支配は治者に対する被治者の嫉妬と猜疑心という非合理的なダイナミズムによって、いわばパラドクシカルな関係の中で成立する」というヒュームの法の支配（権力の平均）についての基本的考え方を共和制に適用した結果だということである。競争者会議は決して怨念者たちの会議ではない。怨念者たちの会議であれば、共和国に生じるのは際限のない党派対立の熱狂であり、共和制の持続的な発展は不可能となる。競争者会議は、雪辱を期する者たちの会議であることによって、共和国の内部に節度ある利害対立をもたらし、それによって法の支配（権力の平均）に基づく持続的な共和制を可能にする。だが、怨念であれ雪辱であれ非合理な党派心であることに変わりはない。ただ、節度があるか否かの違いのみである。

元老院が結託して権力を乱用するのを防止する方策の一つが競争者会議であること、しかしそれは、共和国の内部に際限のない党派対立を持ち込むものではなく、節度ある利害対立を制度化するものであることについて、ヒュームは次のように述べている。

競争者会議は、元老院のライバルであり、彼らと利害が対立し、現在の境遇に不満を持っている人々から成っており、必ずやあらゆる機会をとらえて元老院［の失政］を衝こうとするだろう。……［利害の対立が果てしない党派対立を生むのではないかという懸念に対して、］この構想では、利害の対立は全く有益であり、少しも有害ではない。［なぜなら、］**競争者会議**は、元老院をコントロールするいかなる権限も持たない。それはただ、訴追する権限を、国民に対して訴える権限を持つのみである。（Hume 1985, 524-525）

第二章

福澤諭吉における法の支配と権力平均の主義

1　権力の平均と立憲主義

国法の支配と仁政の支配

前章では、保守的自由主義の特徴である権力平均としての法の支配の観念について、ヒュームが「絶対的権力は絶対的に腐敗する」という認識に基づいて、権力集中を排する権力の平均を主張したこと、また権力平均としての法の支配は特定の道徳やイデオロギー（積極的正義）ではなく消極的正義であり、しかもそれは人間の普遍的理性に基づくのではなく、人間性のパラドックスに由来する観念であることを論じた。このような権力の平均としての法の支配について、福澤はどのように考えていたのだろうか。『学問ノス、メ』十一編に人間社会とルールについての次のような文章がある。

［よく事実を考えれば、］政府と人民とは元々骨肉の縁があるのではない。他人のつき合いである。他人と他人とのつき合いには情実を用いるべきでなく、必ず規則、約束を作って、互いにそれを守って厘毛の差を争い、そうすれば双方かえって丸く治まるものであり、これが国法の起こる由縁である。（福澤2002a, 118）

ここには、人間社会とルールについての冷めた見方が示されている。実は、この文章の前後で福澤が論じているのは「国法」の支配ではなく、それとは反対の「仁政」の支配という考え方であり、福澤はそれを厳しく批判している。仁政とは聡明の君主と賢良の士が従順なる人民を子供のごとく牛羊のごとく支配するという考え方である。だが、最初は善意でも、為政者が自分たちを聖賢と勘違いすると、仁政に無理を調合して御恩を蒙らしめんとし、御恩は変じて迷惑となり、仁政は化して苛法となる。これが専制抑圧の生じる由縁である。（なおこの批判は、後に福澤が、明治十五年以降に展開する官民調和論において、薩長の藩閥政治を「多情の老婆政府」と批判することにもつながっている。[20]）

20 「安寧策」（福澤1960c, 450-470）などを参照。

ところで、この引用で福澤が「国法」とか、「規則、約束」と言っているのは何を指すのか。福澤ははたして東洋流の「仁政」の支配を批判して、西洋流の社会契約に基づく「国法」の支配を考えていたのだろうか。社会契約に基づく「国法」といえば、人民主権の原理や人権（天より人間に与えられた権利）の原則であり、そうした人民主権や人権の理念と理性的合意に従って人間社会を治めるべしという考え方である。

だが福澤はこういう合理主義的社会契約説に基づく「国法」の支配を主張したわけではない。確かに彼は東洋流の「仁政」の支配を否定して西洋流の「国法」の支配を説くのだが、その「国法」というのは、西洋社会（特に英国社会）に長い時間の中で培われてきた、権力の乱用を防止し権力を制限するための慣習的規則や暗黙の約束事を指す。福澤はそうした権力の抑制ないし平均のための制度的表現としての立憲主義を「国法」の支配と考えていた。ここには、「仁政（道徳に基づく権力）は腐敗する」という認識と共に、人間社会のルールとは他人と他人の付き合いの約束事であるというヒュームの消極的正義に近い冷めた見方が示されている。

立憲主義と権力欲の抑制

こうした福澤の考え方は、『民情一新』（明治十二年）、『時事小言』（明治十四年）、『時勢問答』（明治十五年）等の諸論考に示されている。たとえば、『時事小言』の議論をみてみよう。

福澤は『時事小言』二編「政権の事、附国会論」において、国会の開設は政体（constitution）

を立憲政体に変革することが目的であって、政務（administration）の変革が目的ではないと主張する（福澤2003d, 36、以下頁数のみ）。政務とは個々の政府とその具体的な政策のことであり、例えば財政政策や租税政策、兵制や外交を指す。国会開設はこうしたそれぞれの政府の具体的な政策を別の方向に変えることが目的ではない。国会開設の後、いったん政府の政策が変わっても情勢の変化でまた旧に復することもあるからである。

国会開設の目的は、古くからの君主独裁の政体（および薩長土の藩閥政治）、つまり『学問ノス、メ』で述べられた「仁政」の支配を変革して、立憲政体、「国法」の支配へと変革することにある。だがなぜ立憲政体への変革が必要なのか。それは立憲政体が人間の理性と社会契約に基づく「正義」の政体だからではない。立憲政体によってこそ権力の抑制ないし平均が達成しうるからであり、それにともなって「競争活発の間に安寧の大義」（47）が可能となるからである。これについて、福澤は次のような議論を展開する。（以下、要約）

およそ人類として権力を好まない者はいない。権力を握って人を意のままに動かすのを好まない者はいない。……これは真に人間の天性であって、……政治家の最も得意とするところであり、誠に小児の戯れに等しいけれども、……この政治家に向かって道徳心のなさを咎め、賢良方正であることを願い、権力を振う功名心を抑えようとするのは人類の天性に背くものであって、できない相談である。……ゆえに、世の論者が政府の権力を振うのを見て不快と思うならば、それをとやかく言うよりもそれを行う地位に規則を定め、誰でもその地位に進むことができる道を開き、その進退の法を公にすることに努めるべきである。すなわち、国会を開設することである。そうすれば、誰が政権を握っても権勢は依然として行われるけれども、「あたかも人民自ら行う威福（権勢）であるから、人情もって安かるべきのみ」。（49-51）

福澤は、人間の権力欲や功名心を人間の天性として認めたうえで、それを活かす工夫として立憲政体を考える。立憲政体は国会開設を通じて権力の進退の法を定める。誰が政権を握っても、進退のルールが決まっていればおのずと権力欲や功名心は平均化され、抑制される。これは、立憲政体＝「正義」によって権力を抑制するという考え方ではない。人間の本性としての権力欲を認めたうえで、権力の進退を明らかにすることによって権力を平均化し、権力欲を抑制するという考え方である。ここには、ヒュームの消極的正義の観念と法の支配に通じる考え方が示されている。

権力平均の治風と権力集中の治風

立憲主義の本質は権力進退の法によって権力を平均化し権力欲を抑制することだという考え方は、『民情一新』でも論じられている。福澤はここで、明治日本が国家の独立と公共秩序の安寧を維持するための方策は、平穏に政権を授受する仕組みをつくり、それによって権力の平均を実現することであると主張し、その例として、英国の治風に言及する。（以下、要約）

英国に政治の党派が二つある。一つは守旧と言いもう一つは改進と称し、常に対立して相容れないのだが、守旧は必ずしも頑迷ではなく、改進は必ずしも粗暴ではない。というのも、両者は選挙によって政権を競い、多数を占めた一方が政権を担い権力を行使するのだが、歳月を経るに従って世論の方向が変わって他方が多数を占めれば、前の政権は政府の位を去って野党として新しい政府に論戦を挑む。政権の授受平穏にしてその機転は滑らかである。両者一進一退、その持続する時限五年以上は稀で、平均三、四年に過ぎない。そうすれば、不平も三、四年であり得意も三、四年であり、栄辱の念は自ずと淡泊にして、胸中に余裕が存することになる。（福澤2003a, 61-63、以下頁数のみ）

英国人の気象は古風を体にして進取の用を逞しくするものである。その度量寛大にしてよく物を容れると言ってもよい。今の人類の心情を察すれば、文明の進歩に際して、政治の変革を促す勢いはますます急であり「世界普通の人情」であるから、国家の独立と公共秩序の安寧を維持する方策は、時に従って政権を授受する法にあるのみである。（66-73）

大略以上のように述べた上で、さらに福澤は上に述べたことを実証すると言って、一七八四年から一八七九年の九十六年間に英国の政権の新陳交代の時期と期間を示した表を提示している。それによれば、九十六年間に政権交代は二十六回で、在職期間の短いものは百二十一日で、長いものは十七年と八十四日、平均すれば、一代在職三年六分九厘余りである（76-79）。そしてこれを、アメリカ合衆国の大統領一期四年の制度と比較しつつ、次のように述べている。

英国ではアメリカのように政権交代の法制度はないけれども、政権授受の実際はアメリカに異なることはない。これは英国の歴史の実験を経て一種の治風を成したもので、それが今日の文明進歩の時勢に適合したのは、先人がこれを前知せずしてこれに適する治風を残したもので、自分が英国政治を称賛するのもこの点にある。（79-80）

このように福澤は、英国が政権授受の歴史の実験を経て立憲政治と権力平均の治風を成立させたことを称賛しているのだが、ここで当然のごとく一つの疑問に突き当たる。

それは、明治日本が立憲政治を導入するに当たって、英国のような権力平均の治風を日本の歴史の中で培ってきたことがあるのだろうかという疑問である。明治以前の日本といえば徳川専制の時代であり、それは権力平均の治風とは全く反対の権力集中の時代ではなかったのか。そうであるとすれば、明治日本が背負っているのは権力偏重の治風であって、英国のような権力平均の治風を背景とする立憲政治など望むべくもないのではないか。

2　徳川の治世と権力平均の主義

福澤が徳川幕府の治風をどのように考えていたのかについては、第一部第二章で見たように、すでに『文明論之概略』（明治八年）の段階で二つの異なった考え方が示されている。

一つは、『文明論之概略』第九章のよく知られた議論である。「徳川の治世を見るに、人民はこの専制偏重の政府を上に戴き、……日本国中幾千万の人類は各々幾千万個の箱の中に閉ざされ、また幾千万個の障壁に隔てられるが如く、寸分も動くを得ず」。この考え方からすれば、明治日本が立憲政治を導入するためには、過去の権力偏重の治風に頼ることはできない。むしろ、権力偏重の治風を克服して立憲政治を導入するためには、西洋の啓蒙主義的合理主義と社会契約説に訴える他はないということになる。

もう一つは、『文明論之概略』第二章で示された、日本は自由と多事争論の治風を培ってきたという見方である。すなわち、日本も古くは神政政治（天皇親政）が支配していたが、武家政治になって政治の仕組みが変わって、「至尊必ずしも至強ならず、至強必ずしも至尊ならずの勢い」となり、さらに至尊の考えと至強の考えの間に道理の考えが雑ざるようになり、「［皇室の］

至尊の考えと［将軍の］至強の考えと互いに相平均してその間に余地を残し、いささかでも思想の運動を許して道理の働く」権力平均の治風が育まれてきたというのである。この見方によれば、明治日本は徳川の治世で培われた権力平均の治風を自覚し、それを十分に活かすことによって立憲政治を導入すべきであるということになる。

そして福澤は、『民情一新』や『時勢問答』では、この後者の考え方に基づいて、徳川の治世で育まれた権力平均の治風を基礎として日本に立憲政治を導入すべきであると主張し、それがその後の『時事新報』における官民調和論や、明治憲法制定と帝国議会開設の際の『国会の前途』（明治二十三年）につながってゆく。

徳川幕府と権力平均の治風

まず『民情一新』では、先に言及した英国の一七八四年から一八七九年の九十六年間の政権交代の時期と期間を示した表の後で、「随時に政権を授受するの緊要にして、条規約束の有無にかかわらず必ず事実に行われた証拠は、これを西洋諸国に求めずして近く我が日本の先例を見て知るべし」（福澤2003a, 80、以下頁数のみ）と述べて、徳川幕府の老中の在職年数表や勘定奉行の平均在職年数を示している。それによれば、まず老中については、宝暦十二年十二月から万延元年十一月に至るまでの九十八年間で平均すれば、一代の在職は正しく七年である（83-84）。これは英国政権の一代在職三年六分九厘余りと比較して長いように見えるけれども、勘定奉行の新陳交代の速やかさを見れば徳川幕府における権力の平均は明らかである。
福澤によれば、徳川幕府において勘定奉行は権力の中心であり、「勘定奉行は権力の及ぶところ甚だ広くして、……およそ政府の機密、一つとして関係せざるはなく、……かつその人物は必ずしも大禄の旗本のみに限らず、しばしば卑賤より立身してその地位に昇る者多きが故に、よく世間の事情に通達して活発力に乏しからず」(84)。それ故にその地位を羨む者多く、妬む者多く、その結果として、勘定奉行の在職年数は一代二年七分七厘程で極めて短期間であった。

文政元年より慶応三年に至るまで、五十年の間に、御勘定奉行の御勝手方三十六名あり。二人勤めなるが故に、これを半折りして在職の新陳交代十八代なり。これを平均すれば、在職の一代二年七分七厘となる。その永続の難きこと以て見るべし。(85-86)

興味深いことは、勘定奉行の権力の平均が武士の立身出世欲と勘定奉行の地位への羨望や嫉妬の念が適度にぶつかり合った、いわば意図せざる結果であるという福澤の指摘が、英国の権力平均の治風について「先人のこれに前知せずしてこれに適する治風を残したもの」(80)という先の議論と重なっている点である。この「日本の立憲政治の基礎にあるべき権力の平均の起源を徳川の専制政治の治風に求める」という福澤の認識の中に、法の支配のパラドックスすなわち「治者に対する被治者の嫉妬と猜疑心という非合理なダイナミズムによって法の支配が成立した」というヒュームの認識との重なりが認められる。

徳川社会と権力平均の主義

『民情一新』では、権力平均の治風の議論が徳川幕府内部に止まっていたのに対して、『時勢問答』ではこの権力平均の治風が徳川社会全般に行き渡ったことについて、様々に論じられている。ここで福澤はまず、英国や米国の（立憲主義と法の支配の背後にある）権力の平均について、政治の世界から範囲を広げて、政治の世界と政治の外の世界との間の平均を論じている。

英国や米国では、政治の世界の外に「宗旨の世界あり、学問の世界あり、商売の世界、工業の世界など、繁多にしてその勢力は強大」（福澤1960a, 187、以下頁数のみ）であり、政治の世界と政治の外の世界との間に権力の平均がある。すなわち「政治社外に取るべき名利あり、乗ずべき勢いがあれば、それによって人々は心事を多方面に巡らせて八方に周旋奔走するので、政府はあたかもその間にそっと入り込んで政機を調和して、国事全体の進歩を助成する」（188）。「政治の外に地位多きがゆえに人心は専一にならず、人心が政治に専一にならないがゆえに、政治の争いが全国に及ぶことはないのである」（188-181）。

ここでは、人事を多方面に（政治社外に）巡らすことによって人心を政治に専一にしないことが権力の平均ということであり、それが本来立憲主義と法の支配の基礎にあるという考え方が示されている。

それでは、明治の立憲政治の基礎となるべきこのような広い意味での権力の平均が明治以前の徳川社会に存在したのか？　福澤はここでもまた、「人民の権利を剝ぎ尽くした徳川の君主専制政治に、政治の世界と政治の外の世界との間の平均など存在しない」という俗説（通説）に対して、冷静に考えればそれは決してそうではないと主張する。

旧幕府は圧政の政府にして、人民の権利を剝ぎ尽くし、一国の全権を挙げてこれを一政府の手に掌握したものなりとの説は、書生の常に談じるところなれども、よく心を静かにして当時の事情を推考するときは、大いに然らざるものを見るべし。「確かに徳川幕府は強大で他を圧していたけれども、」その強力圧政はただ政権施行の一点に止まるのみにして、広く社会の全面においては名利栄誉の区域甚だ狭隘ならず。たとえ狭隘のように見えても、その平均相償うの法、宜しきを得て、自ずから人心の向かうところを専一ならしめない妙機あるがごとし。（189）

こう指摘したうえで、福澤は徳川社会全般に浸透した「平均相償うの法」について、まず『文明論之概略』で言及されていた皇室の至尊と幕府の至強の平均を指摘する。

まず第一に、天下の政権、幕府に帰して、帝室には全く権力なしといえども、将軍は帝室の臣下にして至尊の位は帝室にあり。至尊にして至強ならず、至強にして至尊ならず。尊位と強力と相平均して相償うものというべし。（189）

この至尊と至強の平均は、皇室と将軍の間だけでなく、公卿と諸大名の間にも行き渡っている。

［公卿の］二位一位の名家の門に入っては、大諸侯といえども席を同じくすることができないほどの尊卑だけれども、その二位一位の財産と権力とは現に目下に平伏する大諸侯のその家来の中の中等以下に位するものである。……公卿に実際の権力なしといえども、尊卑を論じれば諸侯を睥睨してその上に位するがゆえに、やや心事を転じて政権を羨むの念を薄くしたのである。……幕政の妙機というべし。（189-190）

さらに幕政内部の権力の平均について、幕府の執権を担うものは十万石内外の譜代大名を原則とするいわゆる小臣執権の制に言及し、「閣老以下諸役人に至るまで、利禄豊かな者は身分を低くし、身分低き者は禄を厚くするなど、その平均の法至らざる所なし」（190）と論じている。

そのうえで、徳川社会全般に浸透した「平均相償うの法」について、「旧幕の政府圧制なりというけれども、なおかつその政治社外において名利栄誉の別天地を開き、国中の人心をして政治に専一ならしめざる機関を設けて、社会全面の秩序を維持した」（191）と述べ、その例として、

「封建［徳川］の時代に三百の諸侯ありしは、国中に名利栄誉の本源を三百ヶ所に分在させた姿であり、その区域は甚だ広い。各藩の下に非役の士族あり、儒者あり、医者あり、文人あり、武人あり。いずれも政治に関係せざるものなれども、自ずからその人なりの名利栄誉なるものあり」（191）と述べている。

3　官民調和論と権力平均の主義

こうした『民情一新』（明治十二年）、『時事小言』（明治十四年）、『時勢問答』（明治十五年）で指摘された徳川社会の権力平均と明治日本の立憲政治と法の支配のあり方についての議論は、後に明治二十二年の明治憲法発布から国会開設の過程で執筆された『国会の前途』という論考に結実することになるのだが、その議論を見る前に、徳川社会の権力平均の妙に対する福澤の評価について二点述べておきたい。

一つは、これまでの議論からもわかるように、福澤が徳川社会の権力平均の治風を徳川の君主専制という政治制度と切り離して評価していることである。政治社会の治風と政治制度を区別して、徳川社会の権力平均の治風を重視しつつ、しかしながら、政治制度は君主専制を否定して、西洋の立憲主義を積極的に受容するという立場を福澤は一貫してとっている。ここに、自由と秩序の対立ではなくいわば順接を説く福澤の保守的自由主義の姿勢が認められる。

もう一つは、なぜ社会の治風と政治制度を区別して権力平均の治風を論じる必要があるのかというと、立憲主義の政治制度は、本来権力平均の治風に基づくべきものだが、もし西洋から輸入された立憲主義の政治制度が権力集中の治風と結びつくと、立憲主義が名ばかりのものとなって、社会の権力平均の治風までもが歪められてしまうという問題意識とつながっているということである。そしてこれが彼の官民調和論と明治政府の官民不調和への批判と結びついているのである。

福澤の官民調和論

すなわち、福澤の官民調和論とは、本来立憲主義の政治制度は権力平均の治風と結びついてこそ健全に機能しうるのに、明治政府は立憲主義の政治制度を権力集中の治風と結びつけることによって、立憲主義をゆがめその健全な発展を阻害しているだけでなく、徳川社会に培われた権力平均の治風を歪めてしまっているという主張である。この意味で福澤の官民調和論は、従来理解されてきたように、単なるジャーナリスティックな時局論ではなく、彼の保守的自由主義に根ざしている。

福澤に「時事新報の官民調和論」と題された論説がある。これは、明治二十六年の一月二十七日から二月四日にかけて「時事新報」に掲載された。ここで福澤は明治十五年の「時事新報」発刊以来唱えてきた官民調和について、自分はこれまで百を超える論説で官民調和論を主張してきたと述べつつ、明治十五年四月の「時事大勢論」から明治二十二年十一月の「情実の弊根除くべし」までの官民調和を論じた論説を幾つか再掲している。

それらの論説の論調は官民不調和とそれを生み出した政府の姿勢の批判が基調をなしている。福澤は言う。「官民の背馳日に甚だしく」、一方で「今の人民は政府の主義を知らざるもの」だが、他方で「今の政府は人民の主義を知らざるもの」(福澤1960d, 652、以下頁数のみ)であり、「官民互いに相知らず」であれば、「互いに猜疑なからんと欲する」こともできないが、「官民軋轢不調和」については、「政府に十分その責任がある」(654)と論を進め、それゆえ、政府は「大いに政府の門を開いて人を容れ」、「人民に羨望の念を断たしめてその情を和する」(660)べきであり、「政府たる者は正しくその字義に従い、単に政をなすの府たるべし、……慎んで分を守って政の外に逸す」べきではない(661)と主張する。そして、その論説の最後に、官民不調和とは政府と人民の間の猜疑・軋轢のことであり、その原因は、政府が地位(新華族の制度による位階昇進)と富(一身豪奢)を独占すること(権威と権力と富の集中)によって、人民嫉妬の念を生ぜしめ民情を害したことにあるとして、特に政府の四失策を列挙する。その第一は、「新製の法律はその数非常……のみならず、その意味の深長にして文字の難渋、起草者自身の外は解することと」ができないという法律の頻発と難解、第二に、明治二十年の保安条例実施の始末にみる政府警察の人民敵視の姿勢、第三に、「地方政治が繁雑で徒に人民を苦しめるものを数えれば枚挙にいとまあらず」という地方官僚の圧制、そして第四に、「官立学校に特権を与え、私立学校を排斥」するという官立優先の人材登用とそれによる官尊民卑の助長である（672-676）。

　こうした福澤の官民調和論はこれまで、「時事新報」の政府批判の政治的スローガンであり、福澤一流のジャーナリスティックな標語、造語である以上の思想的意義を有しないと考えられてきた。確かに、官民調和論は主に、官民不調和すなわち政府と人民の間の猜疑・軋轢を指摘しその原因を政府の失策に求めてそれを断罪するものであることを考えると、内容それ自体に時事的論評以上の深い思想的意義を見出すのは難しいかも知れない。

　けれども、官民調和論を、これまで述べてきた『学問ノス、メ』、『文明論之概略』から始まって『民情一新』や『時事小言』、『時勢問答』に至る、福澤の健全な懐疑主義に基づく立憲主義と法の支配という思想的関心の中に位置づけるとするならば、そのときには福澤の官民調和論はまた違った意味を持ってくる。

　つまり、福澤の官民調和論は、健全な懐疑主義の人間観に基づきつつ、立憲主義の政治制度の健全な発展と権力平均の治風の結びつきを浮かび上がらせるためのネガの役割を果たしているということである。たとえば上述した、「大いに政府の門を開いて人を容れ、人民に羨望の念を断たしめてその情を和するべきである」、「官民不調和は政府が地位や名誉と富を独占することによって、人民嫉妬の念を生ぜしめたことにある」といった議論は、明治政府が立憲政治を導入したにもかかわらず、なお権力の集中に拘泥している矛盾を突きつつ、それがまさに人間性をゆがめ、人民の嫉妬やさらには怨望の念を生み、健全な立憲主義と法の支配への道を閉ざしているという批判に他ならない。そしてそれは、これまで述べてきた『学問ノス、メ』以来の健全な懐疑主義の人間観と権力平均の主義、「怨望（怨みや妬み）が人生の天然の働きをゆがめ、人間社会のあらゆる争いの元であり、それを断つためには人々の活動や交流を活発にして権力平均の治風を育てて、嫉妬の念を断って相競うの勇気を励まして、自己責任の気風を養うことが大事である」という議論と重なっている。

このように見るならば、官民調和論で福澤が本当に言いたかったことは、単に明治政府の官民不調和を弾劾することではない。むしろそこからさらに進んで、「明治政府の官民不調和と権力集中では、明治日本の立憲政治と法の支配は危うい」、「明治日本の立憲政治が健全な発展を可能にするためには、権力平均の治風に基づく官民調和をめざさなければならない」ということだったように思う。しかし、現実には、明治日本はその後も官民不調和と権力集中の治風を改めることなく、結果、戦前の日本の立憲政治は一八九〇年の国会開設から一九四五年の敗戦までを数えても五十五年、いわゆる十五年戦争の始期である一九三一年までで数えればわずか四十年で潰えることになった。

4 『国会の前途』と権力平均の主義

福澤は、明治二十三年十二月十日から二十三日にわたって「時事新報」に『国会の前途』と題する論考を寄せている。これは、明治二十二年に明治憲法が発布され、翌年の七月に第一回衆議院選挙が実施され、十一月に帝国議会が開設された直後に当たっている。

この論考について私は以前、拙著で取り上げたことがあり[21]、明治憲法発布から帝国議会開設という非常にクリティカルな時期に書かれまとまった論考であるにもかかわらず、これまでの福澤研究でほとんど取り上げられてこなかったこと、その理由がこの論考における福澤の徳川家康に対する高い評価にあることを指摘した。このことは、明治以後の日本のアカデミズムにおける自由と秩序の対立という発想を象徴しているが、それと同時に、この論考は福澤自身の保守的自由主義における自由と秩序の順接の思想をよく表現している。

『国会の前途』で福澤が主張しているのは、日本の国会（立憲政治）が健全な発展を遂げるためには徳川時代に培われた権力平均の主義（伝統）を活用する必要があるということである。この主張は、これまで見てきた『民情一新』や『時事小言』、『時勢問答』の議論の線に沿ったものであり、それを日本の立憲政治の出発点において、より網羅的に論じているところに、この論考の意義がある。

特に『国会の前途』では、『時勢問答』で提起され、しかし必ずしも十分に明らかにされていなかった「徳川社会における政治の世界と政治の外の世界との間の権力の平均」が詳しく論じられている。

議論はまず、これまでと同様に、皇室の権威と幕府の権力の平均の指摘から始まって、諸侯の大禄と公家の高位の平均、外様の大藩と譜代の小藩の平均を表す小臣執権の制や、幕府内部の老中と目付の牽制の仕組みに言及する。これはいわば政治の世界における権力の平均である。そしてここから進んで福澤は、『時勢問答』で十分に論じられなかった政治の世界と政治の外の世界との間の権力の平均をいろいろな角度から指摘している。

まず、士族と平民の平均について、一方で、政治権力という点では士族ははるかに平民の上に位するけれども、他方で、殖産経済は士族の関与するところでないとして、次のように述べる。

士族屋敷は無税だけれども商売は許されない。また商人に貸して営業することも禁制である。……さらに、士族の本分は文武に励むことであり、廉恥を重んじて利を言わずという主義は累世の教えとなって天性をなし、……これは要するに、日本社会の貧乏なものは身分貴

21　桂木2014,二六三頁以下を参照。

くして、富豪な者は賤しい。……貧富貴賤相互に平均して……（福澤1959b, 44-45、以下頁数のみ）

また、徳川の大法が俗世界の風潮に対して自由放任であったこと、政治の専制と人民自治の平均については、次のように述べている。

徳川の大法は紛れもなく専制の法律だけれども、それはただ中央政権の消長に関する部分のみ専制であって、……地方の制度風俗に関する法律にいたっては至極寛大で……滔々たる俗世界の風潮に一任して、見れども見ざるが如くで、ただ非常極端の場合に法を適用するのみである。（45）

この所謂御大法の精神について福澤は、「上下ともにただ人生の常情（コモンセンス）に依頼して生を安んじたもの」「法を敬して法を弄ぶことなきの習慣」（47）と評価し、特に徳川時代の地方制度について、「大概人民自治の風にして政府より干渉することが少ない」（47）と述べている。たとえば村の庄屋を任命する方法について、「郡村百姓の入札で三人選び、これを代官所に差し出してそのうちの一人を代官の鑑識によって定める法もある（あたかも今の衆議院で議長を定める法と同じである）」（48）と述べている。

興味深いのは、福澤が徳川の五人組の制について「国民自治の根本」と評価していることである。一般に現代の我々の理解からすれば、五人組は徳川の封建制における抑圧的な制度の代表であり、相互監視によって人々の自由を束縛するものと考えられている。これに対して福澤は、中央の政権に関する専制と地方の制度風俗に関する不干渉という徳川幕府のいわば意図せざる結果としての五人組について、政権の専制と人民の自治の平均を示す例として五人組を高く評価するのである。彼は、江戸の道や橋の普請における町人自治に続けて、次のように言う。

また、村では五人組を組織し、必ずしも五の数に限らず、五戸でも七戸でも時には十戸以上でも、近隣相互に結合して一団体を成し、冠婚葬祭火難水難病気などのことがあれば相互に助力して、朝夕交際の親密なることは肉親もただならない。すなわち相互に不時の災難出費を平均して自然に保険の実を行い、民生を常態化する仕組であり、古来日本国に病院貧院等を設けなかったにもかかわらず、民間に惨状を見ることが稀であったのは、様々の原因の中でも、五人組の法は最も有効であったと言わざるを得ない。実に国民自治の根本にして、徳川政府にても最も重んずる所のものであった。[22]（48-49）

22　なお、福澤のこの議論は、ヒュームが『イングランド史』のなかで、アルフレッド大王が法の支配と人民自治の工夫として十人組の制度を創設したことを称賛している点と重なっている。本書二〇九頁以下を参照。

誤解のないように言っておけば、ここで福澤は、五人組の制度それ自体を称賛しているわけではない。ここでの議論の力点は、士族と平民の貧富貴賤の平均や幕府の専制と人民自治の平均にみられる、政治の世界と政治の外の世界との権力の平均にある。それが徳川時代にはあったけれども、明治の日本にはない。あるのは政治の世界への政治的、経済的、社会的権力の集中であって、明治の立憲政治における「国会の前途」とその持続可能性を考えるならば、徳川時代の権力の平均を参考にしつつ、権力の集中を是正しなければならないというのが福澤の主張である。彼は言う。

徳川時代の自治制度は君主政治の下で適合したものであるから、今日の立憲政体においてそのまま実施することはできない、多少の取捨があるのは当然のことだが、旧制度も新制度も自治はすなわち自治である。新制度が円滑に行われて正に立憲の新政体に適するのは、古来我が民心に染み込みたる自治の習慣こそ有力なる素因である。人間世界、無より有を創造することはできない。ただ僅かに形を変えることができるのみであるから、……(51)

以上見てきたように、福澤の法の支配の観念には、『文明論之概略』で指摘された武家政治の多事争論の伝統から始まって、『民情一新』や『時事小言』、『時勢問答』、『国会の前途』で論じられた徳川時代の権威と権力の平均および政治権力内部での権力の平均、さらには『時勢問答』で示唆され『国会の前途』で詳述された政治の世界と政治の外の世界との権力の平均、これらの総称としての権力平均の主義が含まれている。そして、こうした日本社会の伝統に基づいて明治日本の立憲政治を運用しその健全で持続的な発展を目指すべきであると主張するところに、福澤の保守的自由主義を見ることができる。

第三章　ナイトの法の支配とゲームのルールの観念

1　はじめに

これまで述べてきたように、保守的自由主義における法の支配とは、「権力は腐敗する」という認識に基づいて権力の集中を排する権力平均の主義であり、人間性のパラドックスを直視する消極的正義の観念である。ナイトはこのような法の支配についてどう考えていたのか。これについて私は以前、ハイエクとナイトを論じた小論[23]で、ナイトはゲームのルールという観念によって権力の平均としての法の支配を論じたと述べたことがある。以下ではまず、ハイエクの法の支配の観念と対比することによって、ナイトのゲームのルールとしての法の支配の観念を論ずることにしよう。[24]

ヒュームや福澤諭吉とは異なって、ナイトが活躍したのは二十世紀前半のアメリカという文脈であり、そこでは法の支配はアメリカの立憲共和制の下で現実の法制度として実現している。だが、法の支配とは単なる法律の支配ということではない。専制的権力の下での法律の支配は法の支配ではない。それは、アメリカ立憲主義という権力平均の主義の下で成立する法律の支配である。ナイトもそう考えていたし、これは現在のわれわれの共通理解でもある。たとえば、『英米法辞典』（東京大学出版会）の項目を見ても、法の支配における法とは権力の座にある者が権力を乱用することを強く戒める政治の指導理念であると述べられている。また、憲法学者の佐藤幸治

23　桂木隆夫「ハイエクとナイト―法の支配と民主主義」（桂木編2014, 167-195）

24　ナイトの法の支配を論じるのになぜハイエクなのかに関連して、両者の関係とその思想上の共通点と相違点について、佐藤方宣は次のように述べている。「ハイエクとナイトは、全体主義やケインズ主義の台頭に批判的に対峙した人物として、二十世紀の自由主義の展開を考える上で欠かすことのできない重要な位置を占める人物である。二人には、経済学者としてキャリアを積みながら、しだいに社会哲学の方面へとその活動の重心を移していったという共通点がある。……ハイエクが心理学や進化論へとその関心を移していったのに対し、ナイトは歴史や倫理をめぐる思索を深めていった。シカゴ大学での同僚として、また［自由社会と自由主義経済を擁護する目的で設立された］モンペルラン協会立ち上げ時のメンバーとしても、深い関わりを持ったことで知られている。」（佐藤方宣、「ハイエクとナイト、リベラル批判の二つの帰趨」、桂木編2014, 196-197）このように、ハイエクはナイトと共にシカゴ学派の第一世代を支えた人物だが、後に進化論の立場から市場原理主義を主張し、ナイトと袂を分かっている。

も立憲主義の史的展開を論じた書物で、司法権の優位という立場からではあるが、法の支配の本質は「支配者にも限界と節度があるという考え方」であると指摘している。[25]

政治理念としての法の支配は、しばしばイギリスの名誉革命以来の議会主権と立憲主義の伝統と表現され、また特にアメリカにおける法の支配の伝統の一つの具体的現れとして、一九三〇年代半ばのアメリカでニューディール政策を巡る大統領と裁判所の軋轢から当時のローズヴェルト大統領が提出した「コート・パッキング法案」をめぐる大統領と裁判所と議会の権力の相互抑制と均衡の事例が言及されてきた（佐藤幸治2015, 72-73、75-76）。それは、法制度の健全性を支え権力乱用を戒める政治の伝統である。

これについて、本書ではこれまで、ヒュームや福澤の議論に即して、権力平均の主義として論じてきた。ヒュームの制限君主制の擁護や完全な共和国における競争者会議の議論に見られる権力平均の思想や、福澤が徳川家康の統治思想を引きながら指摘した江戸時代の意図せざる結果としての権力平均の伝統は、それぞれの時代や社会の制約のもとで、法の支配を表現するものである。もちろん、現代の我々の社会では、法の支配と権力平均の思想は立憲主義によって制度化されている。だが、その国に憲法が存在し、立法、行政、司法の三権が制度化されているだけでは、そこに法の支配が実現されていることには必ずしもならない。権力者が憲法を恣意的に解釈し、三権がそれに追従する状況では、権力の集中と腐敗、乱用を防止することはできないだろう。この意味では、現代の立憲民主制においても権力の平均としての法の支配の伝統の重要性は強調されねばならない。

ところで、ハイエクは法の支配についてどのように考えていたのか。彼もまた、法の支配と法律の支配を区別し、法の支配について、「法それ自体による支配ではなく、法がどうあるべきかに関する規則、すなわち超―法的原則あるいは政治的理念である」と述べている（桂木編2014, 168-169）。法の支配とは「超―法的原則あるいは政治的理念」の支配である。ではそれは如何なる存在ないし理念なのか。ハイエクによれば、それは自由で進歩する社会に自発的に生じた権力平均の秩序であり、それを彼は自生的秩序と呼んでいる（桂木編2014, 175-178）。そしてこれに関連してハイエクは、アメリカの立憲主義と法の支配の伝統を体現する事例として、佐藤幸治も法の支配の伝統を示す事例として言及していた「コート・パッキング法案[26]」をめぐる顚末についてやや詳しく述べている。（以下要約）

フランクリン・ローズヴェルト大統領が、「民主主義によって信任された者に無制限の権

25　佐藤幸治『世界史の中の日本国憲法：立憲主義の史的展開を踏まえて』（左右社、二〇一五年）

26　これは、「最高裁判所裁判官で七十歳を超えるものがあるときは、大統領はその数以内の裁判官を任命することができる。ただし、最高裁判所裁判官の総数は十五名を超えてはならない」とする法案である。田中英夫1980, 322を参照。

力を与えることは危機における民主主義本来の作用」であることを確信して、ニューディール政策を実施するために成立させた「全国復興管理法」を最高裁判所が全員一致で否決したことは、裁判所が憲法上の権利の範囲内の行動によって誤った法案から国を救ったものである。しかしながらその後、最高裁判所がはるかに疑わしい根拠に基づいて大統領の法案を無効にし続けたのに対して、大統領は空前の多数を得て一九三六年に再選される。そこで大統領は、最高裁判所の権力を制限するために「コート・パッキング法案」を提出し、これに対して最高裁判所はそれまでの極端な立場から撤退し中心的争点に関して自らの立場を翻した。その結果、「コート・パッキング法案」は一九三七年にローズヴェルト派が絶対多数を占める上院司法委員会で否決された。（ハイエク1987, 82-83）

そしてハイエクは、そのときの上院司法委員会の報告書が最高裁判所の方針転換について、「永続的な熟慮」の結果であり、「最高裁判所の判決ほど優れたあるいは永続性のある自由政府の哲学は見出されない」と述べていることに言及しつつ、「立法府の権力を制限した当の最高裁判所に対して、立法府が贈呈した貢物としてこれほど偉大なものはかつてない」（ハイエク1987、83-84）と称賛している。こうした議論から考えると、おそらくハイエクは、自由で進歩する社会に自発的に生じた権力平均の秩序としての法の支配について、このような事例が蓄積されてその結果、権力相互の自制と平均の伝統が真に根づいたときに、それを表現する観念であると考えていた。

2　法の支配と「自由主義革命」

ナイトは法の支配を主題として論じてはいない。けれども彼は、ハイエクと同じく、「法」と法律を区別して、「法の支配とは法律（テミス）の支配」という俗説に対して否定的な態度を示している。

彼は、「人間による統治ではなく法律による統治」というのは夢想的なナンセンスであると述べている。

「自由社会における民主的」統治とは人間による人間の統治である。それは、多少とも法律に従っているけれども、その法律は人間によって人間のために作られる。さらにまた、その法律は多少とも憲法あるいは人民の意思の表明に従っているが、それらは多少とも明確でまとまっている［に過ぎない］。どのような集団であれ、それを代表する者によって運営され、代表者は必然的に多くの恣意的権力を有している。（Knight 1960, 115、ナイト2012, 167）

ナイトがここで述べているのは、民主社会の統治は法律の統治ではなく有権者によって選ばれた代表による統治であり、彼らは一応法律に従いながら多くの裁量権を有しているということである。

民主主義においては、法律は、その変更も含めて、有権者の代表［議会］によって作られ、別の代表［政府や裁判所］によって執行され、そして彼らは共に［三権分立の］様々な工夫によって多少とも彼らの主権者つまり国民に「責任を負って」いる。けれども、彼らは皆、多少とも裁量的な権限と権力を有しており、そのことは正に立法と行政と司法に当てはまる。

（Knight 1960, 127、ナイト2012, 183-184）

つまり、民主的統治とは代表による間接統治であり、「法律の統治」という形をとっているが、その法律も代表によって作られ執行され解釈されるものであるから、実際には人民を代表する人間の恣意的裁量権の行使の可能性が常にある。したがって、法律の統治があると主張するだけでは不十分で、その法律が適切に制定され執行され解釈されているかが問われなければならない。

ところで、前節で見たように、ハイエクも法律の支配を否定して、政治理念としての法の支配を主張する。それは、法律が正しく適切に運用されるための基準であり、自由で進歩する社会に生じた権力平均の自生的秩序のことであった。これについてナイトはどう考えているのだろうか。

まず、ナイトもまた、自由で進歩する社会の自生的秩序という考え方を取っていて、人民の代表は裁量権を行使して法律を運用する際に、自生的秩序を尊重しなければならないと考えている。そして、この自生的秩序とはまず第一に、自由社会が将来の不確実性に対処するために自発的に生み出した自由経済と自由企業という権力分散型の仕組みであり、そのことをナイトは『リスク、不確実性および利潤』において論じていた。

ここまでのナイトの議論はハイエクとほぼ軌を一にしている。だが、これ以後のナイトの議論の展開はハイエクとはかなり異なっている。それは主に自生的秩序という権力分散型の仕組みについての両者の考え方の違いに起因している。

自生的秩序をめぐるナイトとハイエクの違いとは、ハイエクが権力平均の自生的秩序を専ら自由市場と自由企業と捉えて、それを尊重しつつ法律を運用することが法の支配であると考えているのに対して、ナイトは自由社会に自生的な権力平均の仕組みとして自由経済と自由企業だけでなく自由な民主政治を含めて考えて、これら二つの相互に対立する仕組みの動態バランスを考えつつ法律を運用することが法の支配であると考えている、という点である。

ナイトの考え方によれば、人類の歴史において自由社会が出現しつつあったときに、自由経済と自由な民主政治が同時に生み出された。これについて彼は「自由主義革命」と表現して、それが自由な民主政治という政治秩序と自由企業という経済秩序の二つの社会秩序の発展を生み出したと述べている（Knight 1960, 65-66、ナイト2012, 95-96）。

「自由主義革命」は「西ヨーロッパを中世から近代へと移行させた歴史的な変化」によって生じた。それは、中世のキリスト教教会の宗教的権威に基づく神権政治の崩壊によって、ヨーロッパ各地に絶対主義的な君主制が生じ、だが「専制君主制は自らの内部に自滅へ向かう種子を宿し」ており、その自壊プロセスにおいて、信仰の自由と経済的自由を求める個人の戦いが徐々に勝利していったことを意味する。そしてその過程で、自由企業という組織形態とともに、代議制という機構を備えた民主的な統治が形成されていったのである。（Knight 1982, 201-202、ナイト2009, 151）

この「自由主義革命」について、ナイトは『知性と民主的行動』や『自由と改革』の中で繰り返し言及している。ナイトにとってそれは、単に経済の仕組みや政治の仕組みが変わったということだけではない。それ以上にあるいはその前提として、経済や政治の仕組みを支える人々の精神あるいは心構えそのものが変わったことを意味している。「［自由主義］革命の本質とは、服従と恭順が自由と進歩という正反対の対句によって置き換わった」（Knight 1960, 142、ナイト2012, 206）ことにある。

そして、ナイトのハイエクに対する批判は正にこの点に由来すると言っても過言ではない。ナイトの服従と恭順から自由と進歩へという表現には、権威主義的社会から自由社会へというプロセスにおいて、自由社会の不確実性に対処するために人々が経済的自由だけでなく政治的自由を駆使し、そこから権力分散型の自生的な組織形態としての自由企業および自由な民主政治が生まれてきたという考え方が含まれている。だが、自生的秩序を専ら自由経済と自由企業と理解するハイエクは、このことを理解することができない。ナイトは晩年の自由放任主義を論じた論文の中で、「自由主義革命」とは経済自由主義革命だけでなく民主主義革命でもあると述べて、次のようにハイエクを批判している。

ハイエクは自由社会をもたらした「自由主義革命」の元となった重要な出来事に言及していない。それはすなわち、広い意味での民主主義のことであり、とりわけ法律による強制や恣意的権力の行使を最小化する政治秩序であり、権力を（世論によって支持され受け入れられているという意味での）社会の合法的な代表によって制限する政治秩序である。……
ハイエクは、尤もらしく詳述した歴史の中で、教会権力や「宗教改革」に言及していないし、思想と表現のための精神の自由という最も基本的な自由を導いた宗教的寛容について言及していない。その理由は注意深い読者には明白である。彼は政治的に組織された自由を軽蔑しているのだ。（Knight 1967, 789、ナイト2009, 237-238）

ここまでの議論を整理すると、まずナイトは、単なる法律の支配が人民の代表である為政者の裁量に基づく恣意的な支配に陥りやすいと批判する。そして、それを是正するために、法律は「自由で進歩する社会に残ってきた権力平均の自生的秩序を尊重すべし」という政治理念に従わねばならないと考える。この点でナイトはハイエクと考えを同じくしている。

しかし他方で、ナイトとハイエクには、自生的秩序と法の支配についての理解に相違がある。ハイエクの政治理念としての法の支配とは、自由経済と自由企業という自生的秩序の伝統のことである。そしてハイエクによれば、それは人類の適応的進化の過程で残ってきた自生的秩序を尊重すべしという強い規範性を有する。[27]

これに対して、ナイトは、人類史特にヨーロッパの近世における権威的社会から自由社会への転換過程で、人々の姿勢が服従と恭順から自由と進歩へと変化する中で、政治理念としての「自由主義革命」が生じ、この「自由主義革命」から自由企業と自由な民主政治という二つの自生的秩序が生み出されてきたと主張する。つまり、ナイトの政治理念としての法の支配とは、「自由企業と自由な民主政治を尊重すべし」という「自由主義革命」の理念に他ならない。

だがナイトは、ハイエクの「人類の適応的進化」の結果としての自生的秩序（自由経済と自由企業）という考え方に代えて、ヨーロッパ近世の「自由主義革命」の結果としての自生的秩序（自由企業と自由な民主政治）という考え方を主張することによって一つの困難を抱え込むことになった。それは、「自由主義革命」が生み出した自由企業と自由な民主政治が、第一部第三章第五節で論じたように、ナイトにとって「反社会的な社会的動物」である自由な人間のパラドックスと不可分の自生的組織形態であり、また両者の関係は、自由企業のルールを自由な民主政治が定めるという意味で、本来相補的であると同時に、経済的交換と政治的配分という互いに対立する視点を有していることである。

すなわち、ナイトの「自由主義革命」によって生み出された自生的な組織形態としての自由企業や自由な民主政治は、人間性のパラドックスを背負った人間が自由社会における将来の不確実性に対処するために生み出した、一応うまく機能しそれなりに妥当なしかし欠陥の多い社会システムであり、弱い規範性ないし妥当性を有するにすぎない。また、自由経済と自由な民主政治のバランスをめぐって絶えず問題が生じている。つまり、「自由主義革命」自体が、一義的で明確な政治理念ではなくいわば発展途上なのであり、それが漸進的に進歩するために、人間性のパラドックスに対処しつつ自由企業と自由な民主政治のときに対立する要請にバランス良く応えるた

27　ハイエクは『自由の条件』の中で、自生的秩序について、適応的進化すなわち「成功している制度や習慣の模倣による淘汰」の結果として自由経済という秩序が出現したと述べている。この適応的進化には「成功している制度や習慣を模倣すべし」という規範的要請が含まれているが、ハイエクはこれを道徳的規則と呼んで、「自由は深くしみ込んだ道徳的信仰なしには決して作用しない」と述べている。つまり、ハイエクの自由経済という自生的秩序は、「成功している制度や習慣を模倣すべし」という道徳的信仰ともいうべき強い規範性ないし妥当性を含んでいる（桂木編2014, 170）。

めの政治理念を含んでいなければならない。そしてナイトはこの多様で複雑な要請を含む政治理念を「ゲームのルール」あるいは競技の精神と表現する。

3 ナイトの「ゲームのルール」の支配

ナイトの「自由主義革命」は、旧体制を転覆させて一挙に自由主義の完成形を生み出すという意味での「革命」ではない。むしろ、自由社会が健全でバランスの取れた社会への長い漸進的な道程の一歩を踏み出したということに過ぎない。

自由企業も自由な民主政治も「反社会的な社会的動物」という人間性のパラドックスと不可分であり、いわば不完全で様々な欠点を有するゆるい自生的組織形態に過ぎない。さらに両者は相補的な関係にあるが、相互に対立する視点も含んでいる。

つまり、自由社会がより健全な社会に発展するためには、自由企業と自由な民主政治のそれぞれがより適切な組織形態へと進歩すると同時に、両者の間のバランスの取れた関係が絶えず模索されなければならない。そのために必要なのは、イデオロギーのような一元的な価値体系ではなく、多様で複雑な要請の間のより良い競合と動態バランスを模索する政治理念である。それを彼は、競技の精神あるいは「ゲームのルール」と表現するのである。

ここで、誤解を避けるために言っておけば、ゲームとは通常漠然と考えられているような遊戯や遊びのことではない。ゲームとは競技である。「ゲームのルール」とは、自由企業と自由な民主政治を競技と捉えて、それらが自由な人間のパラドックスを克服してより適切な競技として進歩し、かつ両者のよりバランスの取れた関係を模索する政治理念である。それは、宗教上の信仰を同じくするという様な道徳的一致ではなく、競技の精神という倫理的な合意に基づく。

これについて、ナイトはスポーツ競技を念頭におきながら次のように述べている。

めざす目標は、勝者にとっても敗者にとっても良いゲームである。それは少なくとも両者にとってやりがいのあるゲームであり、道理に適ったフェアなゲームである。(Knight 1960, 110、ナイト2012, 159)

倫理的理想は、「フェア」でやりがいのあるゲームということにある。スポーツマンシップが自由主義的倫理の大部分を占めるのだ。フェアネスという概念は、プレーヤー間の能力の差が最小限であることを求める。この要求を満たすためにしばしば行われるのが、プレーヤーの階級分け、勝負の仕方、ハンディキャップ等々である。このような工夫が、より広範な社会的、経済的および政治的なゲームについて必要になることは明らかであり、しかもそのような「「フェア」でやりがいのあるゲームの」工夫と考案と実際の適用における困難が、問題全体の重要な局面なのである。法の概念を用いて定義した場合には、……ルールに対する敬意やルールの改善に対する理想に関わる問題であって、この二つの事柄はしばしば対立的であると同時に調和的でもある。(Knight 1982, 467、ナイト2009, 207)

政治理念としての「ゲームのルール」が他の様々なイデオロギーと異なるのは、それが特定の価値の絶対化と体系化を目指すのではなく、自由や効率や秩序などの諸価値の動態バランスを目指す志向性を含んでいる点である。

目的は、健全な自由社会を達成するために倫理的に正しい個人が次々に生まれるような文化状況を漸進的に創造し、自由と秩序と効率が最高度に達成されるような状況を目指すことである。(Knight 1982, 217-218、ナイト2009, 169)

「ゲームのルール」の核心には闘技ではなく競技の精神がある。自由企業ゲームであれ自由な民主政治ゲームであれ、競技には勝ち負けが付きものであり、そこには常に勝者と敗者が生まれる。だが、勝ち負けにこだわりすぎると競技をする者にとってもそれを見る者にとっても競技の価値が薄れてしまう。競技に勝とうとして効率にこだわりすぎると、自由な競技への興味が薄れてしまうし、勝つためには手段を選ばない闘技の姿勢は自由な競技自体を壊してしまうことになりかねない。競技は勝者にとっても敗者にとってもやりがいのあるゲームでなければならない。競技の精神には効率と自由（多様性）とルール（秩序）の動態バランスを目指す志向性が含まれている。そして、このような志向性からフェアなゲームの要請やゲームのルールの遵守とゲームの改善の要請が導かれる。

ナイトは、自由な人間のパラドックスから自由企業が生じ同時に自由企業はモラルハザードを生み出し、それがフェアなゲームの要請やゲームの改善の要請に結びつくことについて、次のように論じている。人間は自由な経済活動における不確実性を減少させようと合理的に努力するけれども、他方で人間は不確実性のない生活は魅力的と思っていない。そして、人間はこのパラドックスを逆手にとって、不確実性のある生活こそが魅力的であると考える人々が経営者として、「事業をみる目」や「人を見る目」という不思議な能力を身につけることによって自由企業という組織形態を生み出して来た。そしてそれはそれなりにうまく機能している。ここにはナイトの懐疑主義的楽観主義ともいうべき姿勢が認められる。けれども人間は、合理的な経済活動を目指しながら、自分の利益のためには手段を選ばず相手を利用し打ち負かそうとする反社会的な社会的動物でもある。そしてこのパラドックスのゆえに、自由企業には様々なモラルハザードが生まれる。

たとえばナイトは『リスク、不確実性および利潤』（1921）で、自由企業におけるインサイダー問題とビジネス倫理について次のように述べている。

［「事業を見る目」や「人を見る目」を持った］会社の経営者が外部の人々に先んじて資産価値の変化を**生み出し**それを利用することが簡単にできるのは当然であり、彼らがそのために事業および財務方針を操作しようとする場合には、問題はさらに深刻化する。そうした行為によってインサイダーが巨額の利益を獲得した事例は、現代の会社の歴史を知る者によく知られている。ビジネス倫理を強化し、刑法の規定を厳格に適用することなしに、こうした事例を防止することは難しい。……同じぐらい悪質なのは、同様の目的のために虚偽の情報を流すことである。私有財産制に基づいて進歩する社会のように不確実性が重要な役割を果たしている世界では、信頼の徳が極めて貴重な資質となる。(334-335)

また、私有財産制に基づく自由企業を支える労働力の所有者としての労働者のリスクを、資産を所有する資産家のリスクと対比しつつ、自由企業が労働者のリスクに十分対処しえないこと、いわゆる労働者の労災補償の困難について、次のように論じている。

第一に、破壊と全体的損失のリスクはおそらく労働者の場合もモノの所有者の場合と同様に大きいし、後者の場合、所有者の損失は生産力のみであるのに対し、労働者の場合は、健康を害したり身体の損傷や生命の損失など甚大である。こうした状況の深刻さは社会によって認識されるようになっており、生産要素としての労働者の経済的価値の損失を企業に、そしてそれを通じて商品の消費者に転嫁するための立法がなされるようになってきている。……だがこうした「リスク」は、モノの所有者が負うリスクよりも余りにも大きいので、ビジネスの採算に含まれないし、そのリスクを負う人達〔労働者〕は（よく知られているように）市場の自由契約の下では、より高い契約上の報酬というフェアな補償のようなものさえ確保できない。（355-356）

そしてこの文章の最後に注を付して、次のようにコメントしている。「興味深いことは、労働者の身体の安全に対する経営者の関心が労災補償法によってもたらされ、それが特に労働災害を減らすための「安全第一」運動の目覚ましい結果であったということである」と。

ここでナイトは、インサイダー取引の問題や労働者の労災補償の問題を例にとって、自由企業が孕むモラルハザードに対処し、自由企業に参加するすべてのプレーヤーにとって自由企業をやりがいのあるフェアなゲームにするための、ビジネス倫理の強化と立法的措置によるゲームの改善の必要性を指摘している。

もっとも、『リスク、不確実性および利潤』の時点では、ナイトの議論はこの指摘のみで止まっており、「自由主義革命」や自由な民主政治への言及は見られない。これに対して、『自由と改革』（1947）および『知性と民主的行動』（1960）では、「自由主義革命」から生じた自生的な組織形態としての自由企業および自由な民主政治という理解が打ち出され、さらに、自由企業と自由な民主政治の関係が論じられる。

自由企業ゲームと自由な民主政治ゲームの関係について言えば、自由企業ゲームは経済的利益を効率的に追求するゲームだが、ライバルに対抗し相手を打ち負かす競技的スポーツの側面があり、またギャンブルの要素も含まれていて、ゲームの勝者と敗者の間の不平等を拡大させる自然の傾向（Knight 1960, 119、ナイト2012, 172）を有している。自由な民主政治ゲームは、こうした自由企業ゲームが生み出す諸問題を解決するための、自由企業ゲームのルールを改善するゲームである（Knight 1960, 66、ナイト2012, 97）。この意味で、自由企業ゲームが基本であり、自由な民主政治ゲームはそれを改善するための従属的なものであり、その役割は本来、自由と秩序、安心安全、効率、平等の諸価値（Knight 1960, 16-17、ナイト2012, 23-24）との調整を図りつつ、自由市場をより持続可能な仕方で自由社会に統合するという役割を負っている。

しかし他方で、自由な民主政治もまた、あるいは自由企業以上に「反社会的な社会的動物」という人間性のパラドックスにさらされやすい。ナイトは自由な民主政治ゲームを「議論による合意に基づく統治」と述べるが、それは一般に考えられているような理想の政治を意味するものではない。確かに、自由な議論に基づく民主政治は本来、自由と秩序、安心安全、効率、平等という基本的諸価値をめぐって、事実や証拠を比較考慮することによって合意に到達するための地道で協調的な努力でなければならない（Knight 1960, 127、ナイト2012, 184, 187）。だが人間は、こうした努力によって自由な民主政治ゲームを目指しつつも、他方で、真理よりも様々な空想や夢想主義に傾きがちな存在（Knight 1960, 19、ナイト 2012, 28）であり、他人とは異なる意見を持ち、自分の意見に固執し、うぬぼれや偏見を有し、独善的で、自分の意見が神聖で絶対的なものであると考える存在である（Knight 1960, 132、ナイト 2012, 190）。また、対抗心を燃やし論争を好む人間性を考えると、自由な民主政治ゲームは基本的諸価値の調整と妥協を図るゲームから論敵を倒そうとするだけの闘技的ゲームに容易に陥ってしまう。さらにまた、自由な民主政治ゲームは有権者の代表による議論と決定のゲームであり、そこには代表の裁量に基づく恣意的統治の危険が常に存在している。

ナイトは自由な民主政治ゲームのこのような逸脱の危険について、自由企業ゲーム以上に深刻に考えていた。しかしそれは、自由な民主政治ゲームの進歩について悲観的であったということではない。それは彼が「自由主義革命」への道を開いた最も重要な要素として、自由な民主政治に不可欠な「思想と表現のための精神の自由という最も基本的な自由を導いた宗教的寛容」の精神について指摘していることからも明らかだが、それに加えて彼は、自由な民主政治における議論の実践によって形成されてきた様々な会議の議事規則の重要性を主張している。

我々の持つ法の中で最も重要なものは、議論を規則正しく進めさせる法規、すなわち、議事規則である。議論それ自体のために、法律が議論に基づいて、策定されなければならないが、そうした議論は、法律に基づいて規則正しく行われなければならないし、そうした法律もまた、かなりの裁量権を持つ権威当局によって管理されなければならない。（Knight 1960, 133、ナイト2012, 192）

政治理念としての「ゲームのルール」が目指すのは、自由社会に働いている諸力の拮抗と自制の動態バランスの積み重ねである。それが自由企業の活性化と自由な民主政治の洗練と同時に、両者の適切な相補的バランスを生み出す。その結果として自由社会における権力の平均としての法の支配が実現するとナイトは考えていた。

このように考えるならば、ナイトもまた、前述した「コート・パッキング法案」の事例について、ハイエクとは異なった意味で、アメリカの立憲共和制と三権分立の下で行政と司法と立法の諸力の拮抗と自制の動態バランスによって権力平均としての法の支配の伝統を積み重ねた事例と評価したであろう。すなわち、ローズヴェルト大統領が一九二九年に始まった世界恐慌を克服するために成立させた、自由放任主義的な企業活動の規制とニューディールの社会福祉政策のための「全国復興管理法」を、連邦最高裁がコモンロー上の企業活動を尊重する立場から全員一致で否決し多くのニューディール立法を違憲とし続けたのに対して、国民の圧倒的支持の下で再選された大統領が自ら任命権を有する最高裁判事の定員増を意図して「コート・パッキング法案」を提出し、それに対して、最高裁が判例変更によってニューディールに対する合憲の姿勢（譲歩の姿勢）を打ち出し、その結果、大統領を支持する連邦議会が「コート・パッキング法案」を否決した。

　これはナイトの「自由社会に働いている諸力（行政と立法と司法と世論）の拮抗と自制の動態バランスの積み重ねが自由企業の活性化と自由な民主政治の洗練と両者の適切な相補的バランスを生み出す」という考え方と重なっている。そしてナイトはそれを、政治理念としての「自由主義革命」あるいは「ゲームのルール」の支配として論じたのである。

第三部　政治的知性

フランク・H・ナイト（Frank Hyneman Knight 1885-1972）

第一章
政治的知性の観念

法の支配と政治的知性

第二部で論じたように、保守的自由主義は「絶対的権力は絶対的に腐敗する」という認識に基づいて権力平均としての法の支配の重要性を説く。だが同時に保守的自由主義には、法の支配の伝統が人間性のパラドックスを抱えながら上昇局面と下降局面を繰り返し、いわばジグザグの過程を経て生み出されてきたという認識がある。つまり、法の支配の伝統は、絶対的権力を否定しながら絶対的権力を求めるという人間性のパラドックスと権力の腐敗に絶えず向き合いながら、その危機を克服することによって発展してきた。

そしてここで論じようとする政治的知性とは、法の支配の危機において、その危機を克服し法の支配の伝統を積み重ねるために求められる知性である。それは、第二部の最後で言及した「コート・パッキング法案」のような法の支配の危機において働いていたはずの知性であり、アメリカの立憲主義的共和制は、政治的知性によってその危機を克服することで、権力平均としての法の支配の伝統を一つ積み重ねたのである。

実は、政治的知性という用語法は、厳密に言えば、ヒュームも福澤諭吉もナイトも用いていない。だが、ヒュームと政治的知性の観念について言えば、ヒュームはマキャヴェリの政治思想を高く評価し、後に述べるように『イングランド史』(1754-1762)の第四巻で英国の絶対君主制を体現するエリザベス一世を絶賛している。また、福澤について言えば、彼が『文明論之概略』(明治八年)で公智と公徳を区別した上で徳川家康の公智を評価し、『国会の前途』(明治二十三年)などで徳川家康の統治思想を絶賛しているということがある。さらに、ナイトは政治的知性という用語は用いていないが、知性 intelligence という用語は『リスク、不確実性および利潤』で用いており、一九六〇年に『知性と民主的行動 *Intelligence and Democratic Action*』を出版し、民主主義における知性を論じている。こうした事実に基づいて、ヒュームと福澤諭吉とナイトが、保守的自由主義の思想家として、自由と秩序の危機を克服して法の支配の伝統を積み重ねるための政治的知性、福澤の用語法で言えば公徳とは区別された公智の必要性を認識していたというのが私の考えである。

政治的知性については、それが保守的自由主義の第一の特徴である健全な懐疑主義に内在する消極的正義あるいは自由と秩序の動態的バランス感覚の観念とどのような関係にあるのかという疑問がある。政治的知性を「節度ある決断力と政治的知恵を有し、自由と秩序の持続可能性を求める政治的バランス感覚」というならば、それは消極的正義のことではないのか。すでに第一部

第一章「ヒュームと健全な懐疑主義」で、党派の熱狂と公共の熱情の違いを論じた際に述べたように、健全な懐疑主義には、自由と秩序の間でどのようなバランスをとることがフェアであるといえるのかについての真剣な判断と動態的バランス感覚（試行錯誤の精神）が含まれており、それを本書では、消極的正義感覚と表現した。とすれば、この消極的正義感覚あるいは自由と秩序の動態的バランス感覚に政治的知性を加えることは、屋上屋を架すことにならないか。

まず認めねばならないのは、この疑問が至極もっともなものであるということだ。消極的正義感覚と政治的知性はいずれも、自由と秩序の動態的バランス感覚であるという点で、同じものである。その本質的内容に違いはない。ただ両者は、それが働く位相というか場面が異なるのである。

消極的正義感覚は、法の支配が制度としてそれなりに定着しているときに発揮される、自由と秩序の動態的バランス感覚である。だが、法の支配は、人間性のパラドックスに由来するという事情によって絶えず不安定化する。確かに、法の支配はこれまで人類の進歩と共に発展してきた。けれども、それは決して直線的な発展の歴史を示してはいない。むしろ、権力の集中を排して権力平均を求める上昇局面と権力平均のための権力の暫定的集中を求める下降局面のジグザグな試行錯誤を伴うプロセスによって発展してきた。だが、このジグザグなプロセスの下降局面が通常の範囲を越えて、権力の専制や専制から生じる政治的対立の激化と無秩序という下降スパイラルに陥った場合には、それを克服するために通常の消極的正義感覚とはニュアンスの違う政治的バランス感覚が求められる。それはすなわち法の支配の危機における自由と秩序の動態的バランス感覚であり、それをここでは政治的知性と呼ぶ。この政治的知性は、引き続く社会的混乱と無秩序の中で人々に自由と秩序の感覚が失われてしまった状況で、法の支配を創出する場面でも発揮されねばならないだろう。したがって、政治的知性とは、法の支配の創出、またはその危機の場面で発揮される自由と秩序の動態的バランス感覚である。それは、内乱や無秩序が引き続き法の支配の観念が存在しない状況や法の支配の危機的状況において、人間の情念についての深い理解に基づきながら自由と秩序の持続可能性を希求する政治的決断とバランス感覚である。

第二章

ヒュームと政治的知性の観念

1 『イングランド史』における政治的知性

ヒュームは政治的知性の観念について、『人間性論』や *Essays Moral, Political and Literary* と呼ばれる政治経済論集ではほとんど論じていない。その理由はおそらく、政治的知性が法の支配の創出あるいは危機という切迫した事態における為政者のバランス感覚であると同時に、そのような状況においてなお、国民にバランス感覚（節度ある嫉妬と猜疑心）を促がす知恵と決断力を含んでいて、専門的知識（ノウハウ）や道徳的規範のように定義の形で一般化して述べることが難しいということにある。こうしたこともあって、これまでヒューム研究のテーマとして「保守的自由主義と政治的知性」が論じられることはほとんどなかった。

ヒュームが *Essays* で論じたのは、名誉革命を経た十八世紀前半の英国という文脈における制限君主制と権力平均としての法の支配である。そこでヒュームが明らかにしたのは、法の支配が、自由と秩序の動態バランスの持続的安定のための制度的工夫でありながら、為政者に対する国民の不合理な感情である嫉妬と猜疑心に基づくというパラドックスを含んでいることであった。制限君主制と法の支配は、理性的合意というような正義の普遍的理念に基づくものではなく、議会の嫉妬と猜疑心が君主の権力行使に偶然抑制的に作用したその積み重ねとしての権力平均の意図せざる結果に過ぎない。だが、そのようにして法の支配が成立すれば、議会派と王党派の激しい対立や党派的熱狂のぶつかり合いも、それが繰り返されることの中から「ライバルの意見がときに正しいこともあると互いに納得し、称賛と非難のバランスを保つ」ことによって、政治的寛容の精神と公共への熱情を生む。法の支配のパラドックスの好循環である。

しかしながら、ヒュームの法の支配はパラドックスに由来する意図せざる結果である以上、その好循環は必然的なものでも、絶対確実なものでもありえない。そうだとすれば、王党派の熱狂が君主の横暴を生み、それが法の支配を逸脱することによって、議会の際限のない嫉妬と猜疑心を誘発する危険性は常に存在するし、その逆の場合が生じる場合もあるだろう。だがそうなれば、法の支配は、君主の横暴による「法」の抑圧的支配に変質するか、あるいは、議会の極度の不信によって無力化し機能不全に陥ることになる。

ヒュームは一七四一年から一七五三年にかけて ***Essays*** で政治経済に関する論考を執筆しているが、それらの論考で制限君主制と法の支配を論じたときに、いまだ脆弱な英国の法の支配の現状と法の支配に内在するパラドックスから、このような法の支配の危機が現実化する可能性について認識していたのではないか。そしてそのような法の支配の危機を克服しうる政治的知性を、『イングランド史』で英国の歴史を探ることによって、見出そうとしたのである。『イングランド史』の出版が一七五四年から始まっているのは、そのことを物語っているように思われる。

2 アルフレッド大王の政治的知性

私の理解では、ヒュームは政治的知性を、『イングランド史』において歴史上の人物(君主)の叙述というスタイルをとって、論じている。この論じ方にはマキャヴェリの『君主論』や『ディスコルシ』における君主の力量virtuについての議論の影響が認められる。

マキャヴェリはよく知られているように、『君主論』のチェーザレ・ボルジアの例によって、既存の秩序と道徳を打ち破る君主の力量(実力と決断力)について論じている。ただ彼は、君主の力量について、単なる既存の秩序の破壊だけに終わる場合と、自由と秩序の創出や危機の克服にいたる場合とを区別して論じてはいない。それゆえ、マキャヴェリの力量は権謀術数のことに他ならないとしばしば考えられてきた。

ヒュームはマキャヴェリの力量の議論のうち、自由と秩序の動態バランスを創出する力量(政治的知性）の議論に影響を受け、それを『イングランド史』の中で君主の力量として論じた。これは大きく二つの場合に分けられる。一つは、アルフレッド大王にみられるような自由が失われ秩序が崩壊した状況において、社会に秩序を取り戻すための君主の力量である。もう一つは、エリザベス一世の場合で、既存の道徳秩序が新しい道徳の台頭によって動揺し、それによる政治対立と社会的混乱という危機的状況において、新たな秩序の枠組みを生み出すための君主の力量である。

ヒュームのアルフレッド大王の評価

そこでまず、アルフレッド大王の政治的知性について、ヒュームがどのように論じているかを見てみよう。

アルフレッド大王（849-899）は当時イングランドに侵入していたデーン人の軍隊を打ち破り、デーン人の侵略によって荒廃したイングランドに秩序を回復し、イングランド君主制の創設者と呼ばれた人物である。そのアルフレッド大王について、ヒュームは『イングランド史』において、非常に高く評価している。彼は述べている。

彼［アルフレッド大王］は賢者という名にふさわしい、非の打ち所のない人格であり、哲学者たちが現実の存在を超えた想像上の人物として思い描くような存在である。彼は幸運にも、あらゆる徳性を適度に身につけ、それらは正しく溶けあって、互いにきちんと節度を保ちつつ発揮されている。彼は新しいことを企てる熱意とクールな節度を併せ持ち、不屈の魂と柔軟性を兼ね備え、厳格な正義の執行と寛容の精神を調和させ、……
だが、もし我々が、彼の軍事的才能のみに目を向けて、正義の執行のために彼が起こした制度や、芸術と科学の奨励に彼が示した熱意について語らないならば、アルフレッドの真価を示すことはできないだろう。(Hume 1983a, 74-75)

ここでは、アルフレッド大王の政治的知性として、その卓越した動態的バランス感覚が強調されている。「新しいことを企てる熱意とクールな節度を併せ持ち、不屈の魂と柔軟性を兼ね備え、厳格な正義の執行と寛容の精神を調和させ」という表現はそれを端的に示しているし、また、軍事的才能と政治的統治能力と学問への知的関心のバランスということも述べられている。

おそらくヒュームはアルフレッドの政治的知性に、保守的自由主義の特徴である自由と秩序の動態的バランス感覚ないし動態的自制感覚の歴史上最初のしかも理想的な事例を認めたように思われる。それは、自らの節度ある権力行使ということだけでなく、国民の側に自由と秩序の自制感覚を根づかせるための知性を意味する。この政治的知性の例として挙げられているのが、アルフレッドの十人組(tithings)の制度である。ヒュームは、この制度の創設の経緯とその内容について詳しく語っている。

アルフレッド大王がデーン人の軍隊を破って、国土をイングランド人の手に取り戻したとき、長年にわたるデーン人の侵略と略奪によって国土は荒廃し、人々は貧困と無秩序の状態に置かれていた。このような状態を克服するために、彼が導入した制度の一つが、十人組の制度である。それは、隣り合う住人の自由土地保有者とその家族を一組として、互いの行動を監視し連帯責任を負わせるようにした制度である。ヒュームは次のように述べている。

彼［アルフレッド大王］は正義を厳格にそして規則正しく執行するために、イングランド全土を郡に分け、さらに村落（hundreds）に区分し、それを十人組に分割した。［この十人組というのは、］全ての家長は、その家族および奴隷と、三日以上彼の家に滞在した客人の行為に責任を負う。そして隣り合う十人の家長は、一つの組を成し、十人組として互いの行為に責任を負い、その中から組長（tythingman, headbourg or borsholder）が一人選ばれて組を主宰する。国民は全て十人組に属さなければならず、そうしない場合には法に違反するとして罰せられる。また、自分が属する十人組の組長の許可がなければ、住居を変更することはできない。（Hume 1983a, 76）

アルフレッド大王の十人組制と日本の五人組制

十人組は、君主に対して自分たちの行為について連帯して責任を負い、それによって社会秩序の維持を図るための、社会の基本的構成単位である。例えば、十人組の誰かが犯罪を犯した場合、組長が保証人として本人の出頭と無実を請け合わない限り、本人は罪人として裁きを受けることになる。罪人が逃亡した場合には、組長および十人組が取り調べと処罰の対象となる。三十一日の間に、罪人を見つけ出せない場合、自分たちの組が犯罪および罪人の逃亡に一切関与していないことについて、近隣の三つの十人組の同意を得ない限り、十人組は君主に対して、犯罪の程度に応じた罰金を支払わねばならない（Hume 1983a, 76）。

こうしてみると、十人組の制度は日本で言えば、徳川社会における五人組の制度に似ている。日本の五人組の制度は、およそ十七世紀の半ば以降、徳川社会全般に広まっていったと考えられている。それはこれまで、為政者がいかに民衆に対して抑圧的であったか、いかに生活の細部にまでわたって規制していたかを示す制度として考えられてきた。例えば、『国史大辞典』は「五人組」の項目で次のように述べている。

この五人組による連帯責任制度や密告制度により、触らぬ神に祟りなしとか、長いものには巻かれろという事勿れ主義の卑屈な精神、自由な思想を発表できない生活、因循主義・事大主義などが深められ強められてきたのであった。いわば封建時代の下部組織として、きわめて重要な働きをなしたものである。（『国史大辞典』第五巻）

しかし他方で、五人組をこうした封建的で抑圧的な制度として理解する考え方に対して、最近では、五人組を惣村自治の一歩進んだ段階として、村のもめごとや争論を自治的に解決しそれでも解決しないものはより上位の権威に訴えるという訴訟ルートの整備された段階として、「法が民衆的な公共性を獲得していく過程として理解することもできる」という考え方が示されている（横田2009, 227）。そして実は、この五人組についての後者の考え方は、福澤諭吉の五人組の評価と重なっているのだが、[28]興味深いことは、ヒュームの十人組の評価もまた、相互監視の抑圧的で束縛的な制度であることを認めつつ、しかしそれが同時に自治的な制度の側面を有しているというものであった。しかもアルフレッド自身が、十人組の制度をそのような制度として、つまり公共の秩序を維持しつつ国民の自治を育む制度として考えていた、とヒュームは指摘している。

28　たとえば福澤は『国会の前途』で、江戸時代の住民自治と五人組の制度について次のように述べている。「江戸市中の橋は大小合して実に夥しき数なれども、政府の作事奉行、小普請奉行の手に在るものは、城辺二十六橋と大川筋の三大橋に限り、町奉行の支配百二十橋のみにして、その余はすべて市民の協議に成りしものなり。又村中には五人組を組織し、必ずしも五の数に限らず、五戸にても七戸にても時としては十戸以上にても、隣保相互に結合して一団体を成し、冠婚葬祭火難水難病気等の事あれば相互に助力して、朝夕交際の親密なること骨肉もただならず、即相互に不時の災難出費を平均して自然に保険の実を行い、民生をして恒ならしむる仕組にして、古来日本国に病院貧院等の設なきにも拘わらず、民間に惨状を見ること稀なりしは、様々の原因あるその中にも、五人組の法は最も効力多しと云わざるを得ず。実に国民自治の根本にして、徳川政府にても最も重んずる所のものなりき。」（福澤諭吉1959b, 49）

こうした制度によって、全ての人民は、自分の利益のために、隣人の行為を監視する義務を負うことになり、いわば自分の属する組の仲間の行為の保証人となったのである。それゆえこの十人組は、自由民の誓約（frank-pledges）と呼ばれた（Hume 1983a, 76）。

ヒュームによれば、こうした居住の制限を伴う厳しい責任分担は、秩序が安定し正義が行き渡った時代には不必要であろうし、豊かな社会の自由と通商にとっては妨げとみなされるだろうが、アルフレッドの治政下における粗暴で放縦な人々を法と秩序の恩恵に浴させるためによく考えられたものである（Hume 1983a, 77）。

陪審制の起源

そしてヒュームはさらに、アルフレッドがこうした厳しい責任分担を和らげるために、人民の自由を育む別の制度を考案したと指摘する。それは陪審制度の起源ともいわれるものである。

組長は、十人組の個々のメンバーの間の些細な諍いを裁く際には、メンバー全員を招集する。組からの訴えや、別の組のメンバーとの間の争いのようなより重要な事柄については、十の十人組、または自由土地保有者の百の家族からなる百人組に持ち出され、それは判決のために、四週間に一度定期的に開かれる。こうした決定の仕方は、陪審の起源として、注目に値する。この称賛すべき制度は、自由と正義の実現のためにこれまで人間の機知によって

工夫された最善の制度であった。(Hume 1983a, 77)

ヒュームはこれらの制度についてかなり詳しく言及していて、それが後のコモンローと呼ばれる英国の法制度の起源を成したと指摘し、またアルフレッドによる人民の無知と野卑を克服するための教育の重視と商工業の振興についても言及している。アルフレッドの教育政策について、ヒュームは次のように述べている。

[アルフレッドが] 王位についたとき、国民は無知と野蛮に深く沈んでいた。長く続いた政治の不在とデーン人の暴虐によって、僧院は破壊され、僧たちは虐殺されちりぢりとなり、書物は燃やされ学問探求の情熱は根こそぎにされていた。……王 [アルフレッド] はヨーロッパ中から優れた学者を呼び集め、国民の教育のために学校を設立した。彼はオックスフォードを再興して多くの特権と収入源を賦与し、法律により、およそ二百四十エーカー以上の自由土地保有者の子弟に教育の義務を課した。(Hume 1983a, 79)

また、商工業の振興については、大略次のように述べている。

アルフレッドは手工業の振興にも無関心ではなかった。彼はいたる所から勤勉な外国人を呼び寄せ、移民を奨励し、デーン人の暴虐によって荒廃した国土の復興のために、あらゆる産業を奨励し、優れた技量をもった人々に報奨を与え、活動力にあふれた人々に航海と遠隔地貿易を促し、国民には勤勉の勧めと富の獲得を促した。(Hume 1983a, 81)

3 エリザベス一世の政治的知性

ヒュームのエリザベス一世の評価

アルフレッド大王と並んで、ヒュームはエリザベス一世(1533-1603)を君主の政治的知性を体現する人物として称賛している。ヒュームはエリザベスの政治的力量(政治的知性)を高く評価していた。彼は『イングランド史』全六巻のうちの一巻(第四巻)の全てをエリザベスの治世に費やしているが、その記述のほとんどは、結局のところ、エリザベスの政治的力量の評価に結びついている。そして彼は、このエリザベスの巻の最後で、彼女の政治的力量に関して次のように述べている。少し長いが引用してみよう。

歴史上エリザベス女王ほど、敵の中傷にさらされまた友人の賞賛を受けた人物はいない。

彼女ほど後世の一致した意見によってその評判が決定的である人物はいない。彼女の強さ、彼女の一貫性、その度量の広さ、統率力、警戒心、手際のよさ、こうしたものはすべて最高の称賛に値する。かつて王冠を戴いたいかなる君主よりもすぐれているように見える。彼女の精神の強さによって、彼女は自分の活動力と自我の強さをコントロールしてきた。それらが過度に陥らないように防いできたのである。彼女のヒロイズムは無謀さとは無縁であった。彼女の倹約は吝嗇から免れていた。彼女の友情にえこひいきはなかったし、彼女の活動的性格は混乱を招くことはなく、むなしい野望とは無縁であった。

彼女の人並みすぐれた統治能力は、彼女の気質と能力に基づいていた。自分自身を統御するすぐれた能力に恵まれ彼女は国民に対する非常な支配力を発揮した。彼女は彼女自身の特性によって、国民の尊敬を得るに十分値したけれども、彼女はまた、その装う能力（pretended virtue）によって国民の愛情を得ることも忘れなかった。彼女ほど、厳しく困難な状況において、王位を受けたイングランドの主権者はいない。そして、彼女ほど一貫した成功と幸運に導かれ、統治を行なったものもいない。寛容という宗教的党派を統制する真の秘密に習熟していなかったにもかかわらず、彼女はすぐれた深慮によって、宗教的混乱から国民を守ったのである。そうした混乱は、宗教的な論争に伴うものであり、周辺の諸国を巻き込んでいた。また、彼女の敵たちは、ヨーロッパの最も有力な君主たちであったが、彼女は、自分自身の強さによって、彼らに深い印象を与えることができた。彼女の偉大さは、決して損なわれることはなかったのである。(Hume 1983b, 351-352)

この引用からもわかるように、エリザベス一世の政治的知性についてのヒュームの評価はきわめて高い。「彼女は自分の活動力と自我の強さをコントロールしてきた」、「自分自身を統御するすぐれた能力」という表現は、エリザベス一世が節度ある権力行使のためのバランス感覚を有していたことを示している。だが同時に、エリザベスの政治的知性の論じ方は、アルフレッド大王の場合とはかなり異なっている。アルフレッド大王の政治的知性とは、デーン人の侵入からイングランドの独立を導いた軍事力と、独立後のイングランドの政情を安定させるための制度的工夫およびそこに認められる秩序(十人組による相互監視)と自由(人民自治)のバランス感覚であった。そしてこうしたアルフレッドの政治的知性とバランス感覚は、陪審やコモンローの起源への言及に見られるように、ヒュームによれば法の支配の創出と結びついている。

だが、エリザベスの政治的知性はアルフレッドのそれと比較して、はるかに複雑な様相を呈している。上述の引用にある、「装う能力(pretended virtue)によって国民の愛情を得る」という表現や「寛容という宗教的党派を統制する真の秘密に習熟していなかったにもかかわらず、彼女はすぐれた深慮によって、宗教的混乱から国民を守った」というエリザベスの政治的知性についてのヒュームの評価はそれを物語っている。

政治的知性と恣意的権力

また、ヒュームはエリザベスの政治的知性を法の支配と結びつけて論じてはいない。確かに、ヒュームはエリザベスの権力の自制についての卓越した能力（政治的知性）に言及しているが、それは法の支配の強化と発展に結びつくものではなかった。それどころかヒュームは、第四巻の補遺（**Appendix**）において、エリザベスの統治を絶対君主制の下における恣意的な権力行使と特徴づけて、大略次のように述べている。

これまで、自由と人民政府の信奉者たちはあまりに無知であり、エリザベスが憲法への敬意とか人民の自由と権利への配慮といった資質をこれっぽちも持っていなかったのに、彼女を激賞してきた。だがこうした思い込みも、明らかな事実を覆い隠すことはできないから、それが明らかになれば、一般大衆が逆の極端に走って、現在の立憲主義（**legal constitution**）に全く反するエリザベスの治政を嫌悪する危険がある。だがエリザベスは前任者たちから受け継いだ大権を享受したに過ぎない。彼女は、臣民が彼らの祖先が享受した以上の自由にふさわしいとは考えていなかったし、臣民はエリザベスの恣意的統治に従順であった。［それゆえ］彼女が、自分に無制限の権力を賦与した統治機構が誤りだと考えたとしたら、それはむしろ不自然であった。為政者は、一つ一つの権力行使の際に**何が最善か？**　と問うことを決して忘れるべきではない。だが、国制において［君主として］与えられた権力については、**何が確立しているか？** を問うのみである。（Hume 1983b, 354）

エリザベスの政治的知性とは、端的に言えば、当時のスペイン、フランス、ローマ教皇といった強大なカトリック勢力（既存の道徳秩序）とそれに対する宗教改革が生み出した宗教的不寛容の直中にあって、その優れた秩序感覚によって宗教に対する政治の優位と自国の独立を守り抜き、それによって政治の近代化と宗教的寛容への道を切り拓いた力量に他ならない。

政治的知性と宗教の世俗化

アルフレッド大王とエリザベス一世の政治的知性の共通項とは、両者がともに困難な状況を克服してイングランドの独立を達成しあるいは公共の秩序を維持したという点である。アルフレッドはイングランドの独立を卓越した軍事的才能によって達成し、秩序と自治のバランス感覚によってイングランドの国制の基礎を据えた。これに対してエリザベスは、カトリックとプロテスタントの宗教対立が生み出す国民の間の嫉妬と猜疑心を節度あるものへとコントロールすることによって、宗教的内乱という火種を抱えたイングランドの国内の治安を維持しつつ、また、カトリック教国であるスペインとフランスおよびローマ教皇という強力な外敵からの脅威に対して卓越した外交力を発揮しつつ、イングランドの独立とイングランド国教会を確固たるものとしたのである。

この時期のイングランド国教会の性格について、ヒュームは次のように述べているが、これはエリザベスの治世（1558-1603）とほぼ同時期のいわゆるユグノー戦争（1562-1598）下のフランスの宗教と対照をなしている。

　ローマ教皇の権威を揺るがした全てのヨーロッパの教会のうちで、イングランド教会ほど理性的に中庸を得た仕方で［改革を］進めていったものはいない。それができたのは、一つには改革において世俗権力が介入したことであり、もう一つはこの王国での改革が漸進的で緩やかであったことである。人々がこの改革において、カトリックに対する怒りや憎しみに身を任せることはほとんどなかった。世俗的権力の支配の構造は完全に保持された。古来からの礼拝は、新教の原則と一致する限り認められ、長く敬われ用いられてきた多くの儀礼が維持され、カトリックの礼拝の華麗さは除去されたものの、格式と品位は保たれた。僧侶の位階制の慣習は存続し、旧来のやり方への遺恨や反対という理由だけでは、いかなる改革も認められなかった。こうしてこの新しい宗教は、古来からの迷信の力を弱めつつ、それを社会の平和と利益と矛盾しないものにすることによって、かの幸運な中庸を保ちえたのである。これは賢者の常に求めるものであり、庶民にはめったに維持し得ないものである。（Hume 1983b, 119-120）

このようなエリザベスの政治的知性に関連してバイアーは、ヒュームがエリザベスを素晴らしい偽善者（excellent hypocrite）と述べている点に注目している。彼女によればヒュームは、エリザベスが偽善あるいは装う能力、それぞれの場面でそれにふさわしい役割を演じるという君主にとって必要な能力に誰よりもすぐれていた、と高く評価している（Baier 2008, 51）。またウィーランは、こうしたエリザベスの政治的知性に関するヒュームの議論をマキャヴェリの政治的リアリズムの立場に重ねつつ、ヒュームがエリザベスの装いあるいは欺瞞の政治学（politics of pretense or deception）を称賛に値するとしていたと指摘している。（Whelan 2004, 274）

これら二つの解釈のうち、私はバイアーの解釈に近い。つまり、ヒュームはエリザベスの政治的知性について、君主としてそれぞれの場面でそれぞれにふさわしい役割を演ずる能力という意味で「素晴らしい偽善」と表現したのであり、決して政治的リアリズムの立場から彼女の「欺瞞の政治学」を評価したのではない。

エリザベス一世とスコットランド女王メアリー

この「素晴らしい偽善者、素晴らしい統治者」としてのエリザベスの政治的知性を雄弁に物語る事例として、ヒュームは、彼女のいとこの娘にあたるスコットランド女王メアリーとの友情と確執、メアリーが関わった陰謀の数々とメアリーの処刑に至る過程を詳しく論じている。

この事例の前提を成しているのは、エリザベスの出生の事情と王位継承権の問題である。エリザベスは、ヘンリー八世がローマ教皇の反対を押し切って最初の王妃と離婚し、次の王妃アン・ブーリンとの間に生まれた子供であった。彼女は王女として生まれたが、後にアン・ブーリンが不義密通のねつ造容疑で処刑されると庶子とされ王位継承権が剝奪されるが、後に新たな王位継承法によって王位継承権が復活され、その後、熱狂的なカトリック信仰によりプロテスタントに対する徹底した迫害政策を断行し「血塗られたメアリー」と呼ばれた異母姉イングランド女王メアリーの後を継いで王位を継承した。そしてエリザベスは、ヘンリー八世のイングランド国教会の政策を継承したことにより、プロテスタントが多数を占めるイングランド国民によって熱狂的に支持され、イングランド議会によってその王位の正統性を認められた。

だが、エリザベスの王位継承はその出生とその後の事情により二つの問題を含んでいた。第一に、ローマ教皇がアン・ブーリンとの結婚を無効としたことによってイングランドのカトリック教徒の間でエリザベスの王位に強い疑義が生じていたことであり、第二に、アン・ブーリンの処刑によって一時的にせよエリザベスの王位継承権が剝奪されたことである。これに対して、スコットランド女王メアリーはヘンリー八世の姉であったマーガレット・テューダーの孫として有力な王位継承権を有していた。ヒュームは述べている。

［エリザベスの］次の継承権者（the next heir of blood）は、フランス皇太子［後のフランソワ二世］に嫁していたスコットランド女王であった。彼女は、その強大な権力と確かな継承

権によって、エリザベスの手強いライバルとなったのである。（Hume 1983b, 17）

ところで、スコットランド女王メアリーは長くフランスの宮廷で生活を送り、敬虔なカトリックであり、かつ熱狂的なカトリックとしてユグノー戦争を主導したギーズ公爵家と姻戚関係にあった。このことは、もしメアリーがイングランドの王位に即くとフランスの支配がイングランドに及ぶことを意味していた。

この問題は、フランソワ二世の死去の後、一五六一年にメアリーがスコットランドに帰国してダーンリー卿（ヘンリー・ステュアート）と再婚するものの、その後ダーンリー卿殺害に関わったという疑惑が浮上し、スコットランドのプロテスタント教会との関係が悪化して、一五六八年、メアリーがスコットランドの王位を奪われて亡命し、イングランドに庇護を求めたことによって顕在化する。このときのエリザベスがおかれていた複雑で微妙な立場について、ヒュームはエリザベスの宰相、ウィリアム・セシルの言葉を引用して大略次のように述べている。

まず、メアリーをスコットランド女王に復位させることについて、メアリーを退位させたスコットランドのプロテスタント勢力は、常にイングランドと同盟を結び、エリザベスを信頼し続けてきた。これに対して、メアリーは、熱狂的なカトリックでありフランス王室の実権を握っているギーズ公爵家と密かに手を握っており、常に彼らに従うであろう。メアリーが主張するイングランド王位継承権は、ギーズ家に危険な武器を与えることになり、スコットランドとイングランドのカトリック勢力を結びつけ、諸外国と一緒になって、イングランドの宗教と統治に対する敵対的な勢力となる。それゆえ、エリザベスがメアリーをスコットランド女王に復位させることには慎重でなければならない。同時に、メアリーの身柄を注意深く確保し、彼女がフランスに逃亡して、外国の力によって復位を謀ることのないようにしなければならない。彼女は絶望から何をしでかすか分らないし、エリザベス女王に見捨てられたと知れば、彼女の怒りは、イングランド王位への野望とカトリックへの偏執とあいまって、彼女をイングランド統治への執拗かつ強力な敵となすであろう。もし彼女が海外に逃れてカトリックと手を握れば、王位継承権者たる自分がイングランド国王に即くことこそが祖国を回復する道であると思うに違いない。このように重大な状況においては、エリザベス女王が中立を装うことは極めて危険であり、メアリーを拘束することが必要である。寛大な姿勢を示すことは、偉大な君主にとって重要だが、現在の微妙な状況においては、この高貴な原則を用いることには慎重でなければならない。女王自身の身の安全と国民の利益が女王の決断一つにかかっているのである。確かに、反乱によりスコットランド女王を退位させることは、君主として決して容認しうるものではないが、メアリーがあまりに愚かで（夫殺しという）彼女の犯罪があまりにも恐ろしいものであることを考えれば、スコットランドの反乱は先例になり得ない。エリザベスに必要なことは、彼女の犯した罪とスコットランドの国民

感情を考えながら、彼女を庇護する程度を決定することである。(Hume 1983b, 103-104)

ロドルフィ陰謀事件とバビントン陰謀事件

こうしてエリザベスは宰相セシルの意見を受け入れ、メアリーをイングランドの地に幽閉し、それ以後メアリーはエリザベスの王位をめぐる数々の陰謀の中心人物となった。その一つに、ノーフォーク公爵とメアリーの婚姻の密約をめぐるロドルフィの陰謀事件がある。この陰謀はフィレンツェの商人ロドルフィが企てたとされるもので、スペインの英雄アルバ公爵、フェルディナンド・トレド(一五六七年からスペイン属領ネーデルランド総督)が密かに艦隊を率いてイングランドに上陸し、ノーフォーク公爵と合流してロンドンを陥れ、イングランドのカトリック教徒の蜂起によってエリザベス女王の退位とメアリーへの譲位を謀ったもので、ローマ教皇およびスペインのフェリペ二世も同意していたという。だがこの計画は事前に露見して、一五七二年にノーフォーク公爵は処刑された(Hume 1983b, 155-159)。ちなみに一五七二年というのは、フランスでユグノー(プロテスタント)が多数虐殺された「聖バルテルミーの虐殺」の年に当たっている。

この陰謀事件をはじめとして、メアリーが関与した数々の陰謀が引き起こされ、最終的にバビントン陰謀事件によってメアリーの関与が決定的なものとなり、メアリーは処刑されることになる。このバビントンの陰謀というのは、ヒュームによれば、大略次のようなものであった。

一五八六年にカトリック神学校の司祭、ジョン・バラードと熱狂的なカトリック教徒、アンソニー・バビントンが、ローマ教皇、スペイン王室およびフランスのギーズ公爵の支持の下、イングランドに幽閉されているメアリーと連絡を通じて、エリザベス暗殺とイングランド侵攻およびメアリーの救出を企てた。だがこの計画はエリザベスの国務大臣、フランシス・ウォルシンガムの知るところとなり、ウォルシンガムは神学校の司祭、ギフォードを敵側に密偵として送り込み、バビントン一味とメアリーとの間で交わされた手紙を入手した。その手紙には、イングランド侵攻とイングランドのカトリック勢力の武装蜂起、エリザベス暗殺とメアリーの救出の計画が記され、バビントンを中心に六名の暗殺者の名前と肖像画が添えられていた。それに対する返書で、メアリーはこの計画を支持し、エリザベスの死はこの計画の実現にとって必要であると返答している。これらの手紙はギフォードからウォルシンガムの手に渡り、バビントン陰謀とメアリーの関与の動かぬ証拠となった。一五八六年九月にバビントン一味は処刑され、その後メアリーに有罪が宣告され、翌年二月に死刑が執行された（Hume 1983b, 223-245）。

メアリーの死刑執行と「素晴らしき偽善者」

エリザベスは、メアリーの死刑執行に伴う様々な困難を認識していた。実際、エリザベスはメアリーの処刑の翌年、一五八八年スペインの無敵艦隊の来襲に直面することになる。ヒュームは、エリザベスがこうした困難を認識しつつ、「素晴らしき偽善者」としての本領を発揮しつつ、死刑執行を行ったと次のように述べている。

調査委員会は、スコットランド女王に対して死刑判決を下し署名捺印をした。同じ日に調査委員のメンバーと判事によって以下の布告が出された。「この判決は、スコットランド王であるジェームズ［メアリーの息子、後のイングランド王ジェームズ一世］の王位と名誉をいかなる意味でも損なうものではない。また、この判決にかかわらず、彼は同じ地位と権力を有する」。

エリザベス女王は、今やメアリー問題についてここまでこぎつけた。それを彼女は、長い間熱望していた。今や彼女の在位の初めから恐れと憎しみの種であった対立者に対する復讐を実行するもっともな理由が存在した。しかし彼女は、自分自身の怒りを即座に満足させようとはしなかった。それには、いくつかの重要な判断が働いていた。すなわち彼女は、メアリーを支持する人々のこの尋常ではない裁判に対する怒りを予期していたし、また、多くの外国の君主たちからの非難を予期していた。近隣との友好関係や、姻戚関係そして王権も、この一件によりすべて傷つけられるかも知れない。私的利益のために寛大さを犠牲にすること、復讐のために慈悲の姿勢を犠牲にすることは、主権者としてまた女性として不適切であるように見えた。そこで、エリザベスは、素晴らしき偽善者 excellent hypocrite として、刑の執行に進むことに対して、最大限の躊躇を装った。囚われの身となったメアリーに対する最大限のやさしい共感を装った。あらゆる良心の咎めや困難を表現し、廷臣や大臣たちの死刑執行の要請を拒否した。そして次のように宣言した。「自分は、国民の安全へのもっとも深い関心がなければ、自分がスコットランド女王からこれまで受けてきたあらゆる苦しみを許すことになんのためらいもないだろう」と。

国民の声がメアリーに対する正義の要請としてもっとはっきりと聞こえるために、エリザベスは新たな議会を招集した。彼女は、議会の一般的性格を考えると、また議会に対する大臣たちの影響力を考えると、自分のひそかな望みである死刑執行をそれほど熱心に議会に要請する必要はないことを知っていたのである。(Hume 1983b, 235-236)

4 保守的自由主義者は政治的知性を説くべきか?

保守的自由主義者ヒュームが健全な懐疑主義と消極的正義を支持することは疑いない。また、自由と秩序の動態バランスを維持するための制度的工夫として、法の支配ないし権力の平均を重視する点についても疑問の余地はない。だが、保守的自由主義者は政治的知性を説く必要があるだろうか? これまで見たように、アルフレッドの政治的知性は、人民に自由と責任の観念を植え付けるためとはいえ、人民の自由を抑圧し相互監視による相互不信を促しかねないものであったし、エリザベス一世の政治的知性は、宗教的内乱の回避とイングランド国教会確立のためとはいえ、絶対君主としての恣意的権力の行使と偽善を不可欠の要素として伴っている。そのような政治的知性は良くて政治的リアリズムの表現であり、悪くすれば権謀術数に陥りかねない。マキャヴェリの「為政者の力量virtu」を彷彿とさせるものではないか？

確かにヒュームは、マキャヴェリの力量（実力と決断力）のうち、それが単に既存の秩序の破壊だけに終わる場合と、それが、アルフレッド大王やエリザベス一世の場合にように、秩序の創出や危機の克服に至る場合とを区別して、後者にのみ政治的知性を認めているようにみえる。けれども、秩序の創出ないし危機の克服というのは、極めて例外的かつ困難な事態であり、さらに様々な偶然的な事情に左右されるものである。それは結果によってしか知りえない、事後的にのみ判断しうるものである。それに対して、政治的知性を強調することは、政治的知性の名のもとに「結果オーライの決断主義」を容認する危険性を常にはらんでいる。そうだとすれば、健全な懐疑主義および消極的正義の尊重に加えて、為政者の力量（実力と決断力）を制約する法の支配ないし権力の平均の重要性を説くことで十分であって、ことさらに政治的知性という観念を持ち出す必要はないのではないか？

このような疑問には、第一章の初めで述べたように、もっともな理由がある。政治的知性といっても、その本質は自由と秩序の動態的バランス感覚を志向するものであり、消極的正義感覚と相容れないものではない。ただ、自由と秩序の動態的バランス感覚と政治的知性はそれが働く位相が異なるというのが私の考えである。自由と秩序の動態的バランス感覚は権力平均としての法の支配という制度の存在を前提として働く。これに対して、ヒュームの論じた政治的知性は、法の支配の存在しない、そもそも権力の平均とはどのような事態であるのかについての理解が存在しない場面で、あるいは、権力平均としての法の支配が危機に陥っている場面で、法の支配の創出と危機の克服を志向する政治的バランス感覚である。この意味で両者は区別される。

ここで少し図式的に説明してみよう。まず、一方の極に法の支配を超越した自然法のような正義の理念を主張する立場があり、他方の極にいわゆるマキャヴェリズムの権謀術数と「結果オーライの決断主義」を支持する立場がある。保守的自由主義は、このどちらの立場も否定しつつ、その両極端の間に、消極的正義としての自由と秩序の動態的バランス感覚とその制度的表現としての法の支配を主張する。さて、法の支配は多様な価値観や正義構想が対立する平和状態だが、この「対立の中の平和」は大きく二つに分けられる。一つは「対立が平和を発展させる状態」、対立と平和の好循環であり、もう一つは、引き続く戦乱の中で「対立の中の平和」という観念がそもそも存在しない状態、および「対立の中の平和」が壊れつつある状態、対立と平和の悪循環である。そして、対立と平和の好循環に働くのが自由と秩序の動態的バランス感覚であり、それに対して、「対立の中の平和」の創出や「対立の中の平和」の危機の場面で働くのが政治的知性である。

これを図式で示せば、〈超越的正義の理念〉⇕〈法の支配と動態的バランス感覚＋政治的知性〉≠〈権謀術数〉となる。

もっとも、この図式からもわかるように、政治的知性は権謀術数と対立しつつ隣り合わせの関係にある。つまり、政治的知性と権謀術数や「結果オーライの決断主義」を原理的に区別する基準はない。その意味で、法の支配の存在しないところで法の支配の創出と危機の克服を志向すると言っても、理念なきバランス感覚としての政治的知性は「結果オーライの決断主義」と背中あわせであり、恣意的なバランス感覚に基づく決断主義に陥る危険は常に存在する。

このような批判を認めた上で、それにもかかわらず、なぜここでヒュームの保守的自由主義と政治的知性を論じるのかといえば、それはやはり、アルフレッド大王についてもそうだが、特に、エリザベス一世についてのヒュームの論じ方にある。つまりヒュームが『イングランド史』全六巻のうち一巻（第四巻）をすべてエリザベス一世の治世にあてて、しかも、「［エリザベスの］自分自身を統御するすぐれた能力」、「寛容という宗教的党派を統制する真の秘密に習熟していなかったにもかかわらず、彼女はすぐれた深慮によって、宗教的混乱から国民を守った」、「この新しい宗教［イングランド国教会］は、古来からの迷信の力を弱めつつ、それを社会の平和と利益と矛盾しないものにすることによって、かの幸運な中庸を保ちえた」などの表現からもわかるように、自由と秩序の危機を克服した彼女の政治家としての力量を極めて高く評価している事実にある。

ヒュームのエリザベス一世の論じ方からすれば、彼女は保守的自由主義者とはいえないだろう。それはなにより、エリザベスが絶対君主としての権力行使において、しばしば法の支配を否定したことから明らかである。けれども他方でヒュームは、彼女の権力行使が放縦なものではなく、十分に自制的であったことも指摘している。エリザベスは法の支配を否定しつつ、自らの権力行使において健全な懐疑主義者であった。[29]

ヒュームの保守的自由主義からすれば、法の支配は理性的合意の結果ではない。それは、為政者と人民の間の猜疑心や嫉妬という不合理な感情のぶつかり合いから生まれるパラドックスを含んでいる。このパラドックスから法の支配が歴史的に生成する。それはまったくの偶然によるのだろうか。そうではなく、やはりそこにはある種のバランス感覚が働いていて、為政者がそのバランス感覚を発揮するかしないかによって、公共的秩序形成が左右されるのではないか。私の考えでは、ヒュームはこうした認識のもとで、エリザベス一世の政治的知性を論じたのである。この意味で、ヒュームはエリザベス一世にいわば保守的自由主義の先駆者としての可能性を見ていたのである。

ヒュームは法の支配の存在しない絶対君主制（したがって権力乱用の誘惑の直中）においてさえ、また寛容の観念の存在しない宗教対立（したがって宗教的内乱の危機の直中）においてさえ、自らの権力を統御し、また国民の節度ある嫉妬と猜疑心を導き得たエリザベスの政治的知性を高く評価したのではないだろうか。ヒュームは、「もしエリザベスの政治的知性が法の支配の確立しつつあった十八世紀イングランドに発揮されたならば」という仮想的状況の中に先駆的な保守的自由主義者の真骨頂を想像したのかもしれない。

29　これはおそらく、自らの王位継承権者としての複雑な事情（父親であるヘンリー八世と母親であるアン・ブーリンとの結婚がローマ教皇によって否認され、しかもその後アン・ブーリンの処刑により王位継承権が剥奪され庶子となり、その後、新たな王位継承法によって王位継承権が復活したという事情）を彼女自身自覚していたこともあるだろう。

第三章
福澤諭吉と政治的知性（公智）について

1　福澤諭吉と徳川家康

福澤の法の支配の観念は、『文明論之概略』第二章で示された、皇室の至尊の考えと幕府の至強の考えが互いに平均してその間に道理の考えが雑ざるという武家政治の多事争論の伝統と、その結果として徳川時代に培われた権力平均の治風が基になっている（福澤2002b, 35-36）。ところで、徳川時代の出発点を一六〇〇年の関ケ原の戦いにおくか、豊臣氏を滅ぼした一六一五年の大坂夏の陣におくかは別として、徳川時代の前の状態はどうだったかというと、誰でも知っているように、一四六七年に始まる応仁の乱とその後の戦国時代を合わせてほぼ百五十年続いた戦乱の世であった。そこでは、それまで日本が築き上げてきた文化や伝統、政治と社会の秩序の一切合切が根底から覆されてしまっていた。

内藤湖南はこれについて、「応仁の乱について」と題する小論で「応仁の乱以後百年ばかりの間というものは、日本全体の身代の入れ替わりであります」、「応仁の乱というものはまったく日本を新しくしてしまった」、「大体今日の日本を知るために日本の歴史を研究するには、古代の歴史を研究する必要はほとんどありません、応仁の乱以後の歴史を知っておったらそれでたくさんです」（内藤、63-64）などと述べている。[30]

さて、徳川時代以前の状態をこのように考えるならば、そこに群雄割拠の観念はあっても、権力の平均とは何かについての理解はもちろん、法の支配の観念などは全く存在しなかったことは言うまでもないだろう。それは、ヒュームが『イングランド史』でアルフレッド大王の政治的知性を論じたときの状況に近い。つまり、日本でも法の支配（権力の平均）が存在しない状況でその創出の魁としての政治的知性が問われた状況があったということだ。そして日本では徳川家康がそれに応えて、戦国時代の内乱と無秩序の中で、平和を希求する政治的決断とバランス感覚を発揮して戦国時代に終止符を打ち、二百五十年に及ぶ徳川の平和（権力平均の治風）の礎を作った。したがって、福澤の保守的自由主義と政治的知性の観念を考えるためには、福澤が徳川家康につ

30　もっとも彼は同時に、この下克上の世の中で皇室が衰微したけれども、日本の尊王心の根本にはほとんど影響しなかった、むしろこの時期に尊王心が一部貴族の占有から離れて一般住民の間に普及した（内藤1976, 78-79）と主張している。

いてどのように評価していたのかを見る必要がある。

福澤が徳川家康を絶賛している次の二つの文章を紹介しよう。一つは、「東京三百年祭会」と題する小論である。これは明治二十二年（1889）八月二十三日の「時事新報」に掲載された。東京三百年祭は一八八九年の八月二十六日に開催されたが、これは徳川家康が旧暦の天正十八年（1590）八月一日に初めて江戸に入った日から数えて三百年に当たる。それなのに、この祭りは徳川家康に無縁であるといって祭りを実施する。その姿勢を批判して、福澤が家康を評価したものである。以下その主張は次のようなものである。

徳川の治世を見ると、その開祖家康は古今無比の英雄であり、日本のみならず、世界の歴史を見ても比類なき人物である。戦国の世に生まれてあらゆる辛酸をなめ、百戦戦って負けることなく人心を収攬し、遂に幕府を開いて再び争いを見なかった。……徳川の治世二百七十年の人口を平均して三千万と仮定し、その間、戦火を見ることがなかったのは、世界の歴史にその例を見ることができない。さらに、一方で、国民の元気、人文のありさまを見れば、治国安民の注意が行き届き、文学技芸殖産から衣食住に至るまで、二百七十年間、進歩してきたということである。さらに不思議なのは、その状態においても、一朝事が起きればその武勇が損なわれることはなかった。その原因はいろいろあるだろうが、家康将軍の功徳は明らかであり、我々は、我が日本の三百年前にこのような絶倫の英雄を生んだことを世界に誇

るものである。（福澤1960c, 231-232）

もう一つは、すでに第二部第二章で言及した『国会の前途』（明治二十三年）の一節である。その内容は「東京三百年祭会」と同様だが、大略次のようなものである。

徳川時代に至って、権力平均の主義は政治上だけでなく、民間の細事にまで普及して、誰一人大得意の者なく大不平の者なくそれぞれ中庸の地位に在らしめて社会全体を組織し、二百五十年余の太平を維持し、しかも権力の平均は競争を促し、文事武事から技芸に至るまであらゆるものが進歩し、人文の進歩と共に人民自治の気風も成熟して、明治維新の後二十三年で国会開設に至ったのは、その素因は徳川の治世にある。人口三千万の国を治めて二百五十年の間争いもなく人文の進歩を実現したのは世界中徳川の治世だけである。それが徳川家康公の方策によるものであるとすれば、公は世界古今絶倫無比の英雄である。（福澤1959b, 40）

こうした評価は、すでに見たヒュームのアルフレッド大王やエリザベス一世の評価と類似している。ヒュームはアルフレッド大王について、「彼（アルフレッド大王）は賢者という名にふさわしい、非の打ち所のない人格であり、哲学者たちが現実の存在を超えた想像上の人物として思い描くような存在である」、「彼は新しいことを企てる熱意とクールな節度を併せ持ち、不屈の魂と柔軟性を兼ね備え、厳格な正義の執行と寛容の精神を調和させ……」（Hume 1983a, 74）と述べていた。また、エリザベス一世について、「彼女ほど後世の一致した意見によってその評判が決定的である人物はいない。彼女の強さ、彼女の一貫性、その度量の広さ、統率力、警戒心、手際のよさ、こうしたものはすべて最高の称賛に値する。かつて王冠を戴いたいかなる君主よりもすぐれているように見える」（Hume 1983b, 351）と評している。

そしてこうしたアルフレッドやエリザベスに対する高い評価は、「開祖家康は古今無比の英雄であり、日本のみならず、世界の歴史を見ても比類なき人物である。戦国の世に生まれてあらゆる辛酸をなめ、百戦戦って負けることなく人心を収攬し、遂に幕府を開いて再び争いを見なかった」という福澤の家康に対する評価と重なっている。

2　徳川家康の政治的知性

公智と公徳の区別

福澤は家康の政治的知性として何を評価したのか。これを論じるためにはまず、福澤が知性と道徳を区別していることを指摘しておかなければならない。彼は『文明論之概略』の第六章「知徳の弁」において、日本の文明を進めるためには徳義と共に知恵が必要であると述べる。そして、徳義を潔白、謙遜、律儀などの私徳と公平、中立、勇気などの公徳に分け、また、知恵を物事の工夫としての小智と公智に区別する。そして、公智を聡明の大智と呼び、「人事の軽重大小を区別し、軽小を後にして重大を先にしその時節と場所とを察するの働き」であり、私徳、公徳、私智、公智のうち、最も重要なのは公智であるという（福澤2002b, 132）。猪木武徳はこの福澤の公智について、知識や情報のうち、「何が重要で何が重要でないか、いくつかある事柄のうち何を優先すべきかという判断力のことで」、聡明の大智と福澤が言うように、体得するのは非常に難しいと述べている（猪木2012, 106）。

福澤は知恵と徳義の関係について、どちらが重要ということはなく、文明を進めるためには両者を兼ね備える必要があると言っていて、それに対して、古来学者が徳義のみを強調して知恵を軽視してきたことを批判する（福澤2002b, 140、以下頁数のみ）。ただ、全体として見ればここでの福澤の議論は、文明を進めるためには徳義よりも知恵が重要であることを説くものとなっている。たとえば、古来の学者が徳義のみを主張して、文明が広大であり雑駁であり人心の働きを多様にすることを知らずに、物事を全体としてその得失を判断することをせずに、もっぱら徳義の観点から「悪人」を排除しようとしてきたのは誤りであると指摘している（160-161）。また、「有徳の善人必ずしも善をなさず、無徳の悪人必ずしも悪をなさず」と述べて、西洋の信仰心の篤いキリスト教徒が引き起こした宗教的迫害の例として一五七二年のフランスの聖バルテルミーの虐殺[31]を挙げて、これらの善人がこの大悪事を行なったのは聡明の知恵がなかったからであると述べている（176-177）。

そして、こうした議論を踏まえて、福澤は徳川家康の公智について次のように論じる。

> 徳川家康は乱世の後を受け、櫛風浴雨、艱難をものともせずに三百年の太平を開き、天下を泰山の安きにおいたことは、今日に至るまでもその功業の素晴らしさを誰もが称えている。……実に家康は三百年間太平の父母である。（178）

そしてこれに続けて福澤は、しかし家康は徳義という点では、恥ずべきものが少なくないと論じる。特に、太閤秀吉の秀頼を頼むという遺託に背いて大坂の陣で豊臣氏を滅ぼしたことや、石田三成の謀反を放置して、関ケ原の戦いによって反徳川勢力を一掃しようとしたことなどを挙げて、「奸計の甚しきもの」であり、しかしこの不徳によって三百年の太平を開き、民衆を塗炭の苦しみから救ったのは奇談であり、「聡明英知の働き」によって大きな善を成した人物であると主張している（178-179）。

福澤は家康の何を公智として評価したのか

これらの議論をみると、福澤が家康の徳義を評価したのではないことは明らかである。そして、「聡明英知の働き」という表現からもわかるように、福澤は家康の公智を評価した。それでは福澤は家康の何を公智として評価したのか。

もちろん、福澤の家康の公智への評価の中心には、前章で論じた家康の権力平均の主義がある。福澤によれば、家康は皇室の権威と幕府の権力の平均を始めとする政治の世界における権力の平均だけでなく、政治の世界と政治の外の世界との間の権力の平均を図ることによって、彼の公智を発揮した。また福澤は、慶応元年に、「ペルリ紀行」（『ペリー艦隊日本遠征記』）でペリーが「家康は自由貿易主義者である」と指摘している部分の抜粋訳を当時仙台藩留守居役であった大童信太夫に送って、「なにとぞ、頑固者の諭し種にお使いください」（福澤1961b, 24）と述べているが、

31　聖バルテルミーの虐殺に象徴される宗教的不寛容と迫害については、ヴォルテールが『寛容論』（一七六三年）で詳しく論じている。（桂木2009, 70-72を参照）
なお、聖バルテルミーの虐殺については、ヒュームも『イングランド史』で言及している。そして、このフランス宮廷とフランスのカトリック教徒たちによる新教徒の虐殺事件について、エリザベス一世が道徳的義憤に流されるのではなく冷静に自分の立場を認識していたこと、すなわち、フランス宮廷の不誠実と残忍さと同時に、彼らがスペインと手を結んだときの強大さや、新教徒のリーダーであり庇護者であるエリザベス自身に対する彼らの敵意を認識し、それゆえ、表面的には彼らとの友好的態度を示しつつ、軍備の増強と国論の統一を怠らなかったと述べている。（Hume1983b, 165-166）

これなどを見れば、福澤は家康の自由貿易主義を彼の公智として評価したであろう。[32]

しかし、こうした家康の権力平均の主義や自由貿易主義は、もちろん家康の公智に含まれるとしても、それらはむしろ前章で論じられた自由と秩序の動態的バランス感覚ないし消極的正義の感覚としての公智であり、政治的知性はそれとは異なる。公智としての政治的知性とは、権力の平均が存在しない内乱や無秩序の状態において、人間の情念についての深い理解に基づきながら平和（政治秩序の持続可能性）を希求する政治的決断とバランス感覚である。

福澤はこのような政治的知性を、権力平均の主義や消極的正義感覚とは異なる公智として、徳川家康に認めてかつそれを評価していたのだろうか。率直に言って、これについての私の判断は肯定と否定相半ばしている。確かに福澤は家康に、権力の平均が存在しない戦乱の世において平和を希求する政治的バランス感覚としての公智を認めていたけれども、それがいかなる内容のものであったのかについての詳しい議論を行っていないというのが私の理解である。

福澤は家康に政治的知性すなわちバランス感覚としての公智を認めていたことは、すでに引用した『文明論之概略』の「徳川家康は乱世の後を受け、櫛風浴雨、艱難をものともせずに三百年の太平を開き」という評価やそれについて「聡明英知の働き」と言っていることからも理解される。一般に、織田信長、豊臣秀吉、徳川家康と並べて、天下布武から天下泰平へと言われるが、福澤が家康をこのような文脈で理解していたことは、たとえば次の漫言からも知られる。

徳川家康公などは、馬に跨って天下を征した人物だけれども、世が治まればすぐに馬より飛び下りて、まるで文人気取りで汗馬の汗の字もいわず、馬は一切他人に任せて自分は机にもたれ、悠々として天下太平なりしという。（「いろは加留多もご存じないか〔漫言〕」、福澤1960b, 341）

また、もう少し真面目な評論を挙げれば、福澤は「政治社会を如何せん」において、豊臣秀吉と徳川家康の天下泰平を希求する政治的バランス感覚（公智）を次のように称賛している。

秀吉の大量、家康の忍耐、互いに相容れて相争わずに、速やかに四海統一を果たしたのは、両雄の功績に他ならない。なぜなら、当時天下の人心既に戦乱に倦み、太平を希望した事実が幾分かその功績を助けたことに相違ないとはいえ、もしも両雄が他の群雄と同じく、天下の大略を忘れて眼前の功名に恋々としたならば、統一は決してこのように速やかではなかっただろう。我輩は両雄の心事目的が何であったかは問わない。ただその互いに相容れ相譲るの美徳を称賛する者である。（福澤1960c, 337）

32　「ペルリ紀行」抜粋訳は、福澤諭吉全集第七巻、560-563に収録されている。なお、桂木2014, 207-211を参照。

ここで福澤は、家康が秀吉と共に、天下の人心が平和を希求していたことを認識しつつ、その天下の大略を見失うことなく、武力によって四海統一を果たしたその政治的知性を称賛しているのである。だが、この政治的知性がいかなるものであったのかについて、残念ながら福澤は立ちいった分析を行っていない。

家康の武力による四海統一と言えば関ケ原の戦いであろう。実際、福澤は様々な論説において関ケ原の戦いを二百五十年に及ぶ徳川の平和と結びつけて言及している。けれども、この関ケ原の戦いにおいて家康がいかなる政治的知性を発揮したのかについて、福澤は分析していない。いや、より正確に言えば、先の『文明論之概略』の引用にあるように、石田三成の謀反をしばらく放置することによって反徳川勢力をあぶり出し、その上で、関ケ原の戦いによって四海統一を果たしたのは「奸計の甚しきもの」であると同時に「聡明英知の働き」であると述べているのである。

はたして「奸計」と「聡明英知」とは同じものなのか。違うとすれば、両者はどのように区別されるのか。私の知る限り、福澤はこの問題を直接論じた論考を残してはいない。ただし、これまでの福澤の議論を全体として考えるならば、福澤は政治的知性が聡明の英知であって奸計ではないと考えていたことについて、間接的にせよ幾つか推測することができるように思われる。そこで以下、これについて述べてみたい。

3 保守的自由主義と政治的リアリズム

まず、世間一般の家康評価の話から始めたい。織田信長や豊臣秀吉と比較して徳川家康が狡猾な人物であったという評価は、現代においてもなお根強いものがある。最近では、二〇一六年のNHK大河ドラマ「真田丸」でも、家康は狡猾でずる賢い人物として描かれていた。これに対して、一九五〇年代から六〇年代にかけて執筆された山岡荘八の『徳川家康』は、戦乱の世を治めて天下泰平を実現した花も実もある人物として家康を描いているが、その山岡荘八にしても、関ケ原の戦いを次のように評している。

まず豊家の旧臣たちを戦わせ、これに自信を持たせた上で出て来て、なおかつ、わが家の軍勢は温存し、豊家旧臣の犠牲で天下を掌握しようとする……

狡猾といったら、これほど狡猾な戦略はまたとあるまい。

しかし、家康の行動と心理の間に、そうした負い目は全くなかった。……泰平招来の悲願達成に備えるという責任ある者の用意であった。（山岡1988, 76-77）

福澤の考えもこの山岡荘八の家康観、狡猾な戦略を駆使しつつ泰平招来の悲願達成に努めた家康という考えに近いのではないか。だが、それにしてもそれは、保守的自由主義における政治的知性というより、政治的リアリズムと言った方がわかりやすいのではないかという疑問は残る。

この徳川家康の政治的リアリズムという解釈は、山路愛山が大正四（1915）年に出版した『徳川家康』で主張している。彼はその最終章「徳川家康論」において、マキャヴェリに言及しながら、「家康は徹頭徹尾、力の信者なり」と述べて、家康の権威を「裸角力の勝者たる権威」と表現している。

> 彼［家康］はたとえば、裸体となりて土俵の上に角力を取る力士のごとし。……我は強く汝は弱し、我は支配し、汝は支配せらる、これ当然の事なりとは家康の群雄に対する心事なり。（山路，320-321）

確かに、福澤の家康解釈にこのような政治的リアリズムの傾きがあることは否定できないが、しかし同時に福澤は、家康の力の行使を二百五十年あるいは二百七十年に及ぶ徳川の平和と結びつけている。しかもそれは、山路が示唆するような単なる力による平和ではなく、天下泰平という言葉によって象徴される権力平均の治風、持続可能な平和であると考えられている。その点で、福澤の解釈は山路愛山の政治的リアリズムとは異なるのではないか。

これに関連して、戦後の実証史学に基づく家康論を代表する中村孝也は、関ケ原の戦いの性格と経過について、次のように述べている。少し長いが引用してみよう。

凡そ関原戦争を、武力戦に重点をおいて考えるのは皮相な見方である。それはもっと大きな智能戦であった。戦略よりも政略の方が高く評価せられなければならない。伏見の白邸に駆け込んできた三成を庇護して近江の野に放ったのもその一例であった。会津百二十万石の上杉景勝が上洛の勧告を拒絶して反抗するに及び、慶長五年六月大坂城を発して東下し、京畿を空虚にしたのもその一例である。七月江戸城を発して会津征伐のために北上したのもその一例である。果たせるかな下野小山に到ったとき、石田三成挙兵の報に接し、嗣子秀忠公を留めて江戸城に引き還し、徐ろに形勢の推移を観望して容易に動かず、その間に有力なる豊臣系大名を、殆どすべて自己の傘下に集合せしめ、その総力を挙げて、反対勢力を一掃する準備を整えたのであった。五十九年間の鍛錬を重ねて来た公の智能は、この一戦に当って縦横自在に発揮せられ、陸離たる光彩を放っているのである。この大戦に臨める公の洞察力の明晰と、判断力の的確さとは、真に驚嘆に絶するものが存する。（中村1988, 313）

中村は別に、『徳川家康文書の研究』において、この関ケ原の戦いの経緯を実証的に明らかにしている。それによれば、関ケ原の戦いの起点である慶長五年六月十六日から戦いの当日である九月十五日の三ヶ月の間に家康の名で出された書状百八十通のうち、百七十九通が外様大名に宛てたもので、その内訳の大略は、福島正則へ十三通、伊達正宗へ九通、最上義光、黒田長政、藤堂高虎、浅野幸長へ各八通、池田輝政へ七通などであるとし、これらの文書は、一方で東西両陣営にとって重要な拠点である尾張清須城主福島正則の重要性と、他方で北の上杉景勝を牽制しうる伊達正宗の重要性を家康が認識していたことを示すものであるとしている（中村1959, 464）。

もちろん、福澤がこの中村の実証研究のレベルで関ケ原の戦いにおける家康の智能戦を理解していたということはないだろう。けれども、福澤が先の中村の引用で示されたような関ケ原の戦いの経過、すなわち、関ケ原の戦いが遠くは慶長四年の家康による三成の庇護に始まり、直接的な始点は慶長五年六月、会津の上杉討伐のため大坂城を発して、その後しばらくの間、江戸で三成挙兵の動きを見極めて、七月二十五日下野小山の軍議で西上を決定し、その後江戸で約一ヶ月間じっくりと情勢を見極め、豊臣恩顧の大名たちを促して西軍と対峙させ、九月一日江戸を発して九月十五日、直ちに関ケ原で西軍を破って戦いに勝利したこと、この家康の智略政略の経過について認識していたことは確かであろう。

ただし、この関ケ原の戦いで示された家康の智略政略のみをもって福澤が政治的知性を理解していたとすれば、それは依然として政治的リアリズムの域を出るものではない。福澤が保守的自由主義における政治的知性を徳川家康に見出していたと言えるためには、天下布武（関ケ原の戦い）における智略政略だけでなく、それが同時に、平和を希求する四海統一と天下泰平への発想の転換力を伴っていたということでなければならない。

天下泰平とは、単に武力によって天下を平定するだけでなく、平定された天下が持続可能なものであることを意味する。福澤が家康について、天下布武の力量を示しつつ同時に天下泰平への発想の切り替えを成し得た人物であると考えていたかどうかは、先に引用した「漫言」や、『文明論之概略』における「家康は……天下を泰山の安きにおいた……三百年間太平の父」という記述、また『国会の前途』における「二百五十年余の太平……家康公の方策」という記述などを挙げることができるのみであり、それが実質的にどのような根拠に基づいているかは、正直なところ不明である。ただ敢えてもう一つ、間接的な根拠を挙げるとすれば、福澤の堪忍論と家康論との繋がりがある。

すでに第一部第二章で論じたように、福澤の情念論と健全な懐疑主義を理解するキー概念として堪忍の観念がある。福澤が堪忍の観念を最初に論じたのは、英国チェンバース社刊行の *The Moral Class-Book* という児童の道徳教育の教材の翻訳を通してであり、これは、明治五年に『童蒙おしえ草』として出版された。その中で福澤は、怒りと堪忍の関係について大略次のように述べていた。

怒りは不正に対する心の働きであり人の天性に即したものだが、怒りを道理の範囲内に収める（**to keep our anger within the bounds of reason**）ことが必要である。……根性悪く怨み（意趣）を含んだ怒りを抱くのではなく、静かに堪忍の心を養う（encourage a mild and patient disposition）べきである。心を虚しくして気持ちを平らかに悪事災難にも静かに堪忍する力（the power of bearing crosses gently and patiently）は人間の貴ぶべき徳義である。……自分から堪忍の姿勢を示せば人もそれに倣い、自ずから慈悲の心を生じて怨みを解くことができ、地球上に太平（good will and peace）をもたらすのである。（福澤 1959a, 234-236）

そして、『童蒙おしえ草』の堪忍論が『学問ノス、メ』や『通俗国権論二編』における「社会を維持するには堪忍の心より大切なものはない」という主張と結びつき、さらに明治二十三年前後の国会開設をめぐる議論に繫がっていることもすでに第一部第二章で指摘した通りである。

そこで、福澤の堪忍論と家康論との関係だが、先に引用した『文明論之概略』の「徳川家康は乱世の後を受け、櫛風浴雨、艱難をものともせずに三百年の太平を開き」という文章や、「政治社会を如何せん」の「秀吉の大量、家康の忍耐、互いに相容れて相争わずに、速やかに四海統一を果たした」という文章を見ると、「櫛風浴雨、艱難をものともせずに」や「家康の忍耐」という表現は明らかに堪忍の観念と重なっている。また、福澤は旧幕臣として、「東照宮御遺訓」にある「人の一生は重き荷を負って遠き道を行くがごとし、急ぐべからず。……堪忍は無事長久の礎、怒りは敵と思え、云々」という一節も知っていたであろう。とすれば、福澤は家康が堪忍の人であり、それが天下泰平への発想の転換力の基礎にあると考えていたのではなかろうか。

福澤は家康について、天下布武の力量と同時に、天下泰平への発想の転換力を有し、それを堪忍によって現実化した人物と考えていた。確かに、福澤はこのことについてまとまった形で論じてはいない。ただそれぞれについて断片的に言及しているのみである。けれども、そうした断片をつなぎ合わせて考えてみれば、福澤の家康論は、山路愛山のような政治的リアリズムを示すものではなく、やはり保守的自由主義の表現であり、公智としての政治的知性とは、天下布武の力量と天下泰平への発想の転換力と堪忍を併せ持つことであることを明らかにしているのである。

家康の公智は法の支配の創出のために発揮されたものではない。しかし、福澤が徳川社会にある種の権力の平均を見出し、それを家康の公智に帰していること、法の支配の本質は権力の平均による恣意的権力の制限にあることを考えると、西洋の法の支配が立憲主義の形で日本に導入されたときに、福澤は日本的法の支配の原型として徳川社会の権力平均の伝統を明治日本の立憲体制に生かそうとし、その伝統の起源を家康の公智に求めたのである。

こうした福澤の家康論は、ヒュームのアルフレッド大王およびエリザベス一世の議論と重なっている。

ヒュームはアルフレッド大王について、次のように述べていた。

　彼［アルフレッド大王］は賢者という名にふさわしい、非の打ち所のない人格であり、哲学者たちが現実の存在を超えた想像上の人物として思い描くような存在である。彼は幸運にも、あらゆる徳性を適度に身につけ、それらは正しく溶けあって、互いにきちんと節度を保ちつつ発揮されている。彼は新しいことを企てる熱意とクールな節度を併せ持ち、不屈の魂と柔軟性を兼ね備え、厳格な正義の執行と寛容の精神を調和させ、……（Hume 1983a, 74-75）

ここでヒュームはアルフレッド大王に、軍事的力量と秩序創設への発想の転換力とそれを実現しうる厳格な正義の執行と寛容の精神の融合としての政治的知性を認めている。そしてそれは福澤が徳川家康に天下布武の力量と天下泰平への発想の転換力と堪忍の融合としての政治的知性を見ていたことと重なっている。

また、ヒュームはエリザベス一世の政治的知性を高く評価していた。

［エリザベスの］一貫性、その度量の広さ、統率力、警戒心、手際のよさ……彼女の精神の強さによって、彼女は自分の活動力と自我の強さをコントロールしてきた。それらが過度に陥らないように防いできた。……自分自身を統御するすぐれた能力に恵まれ彼女は国民に対する非常な支配力を発揮した。……彼女はまた、その装う能力（pretended virtue）によって国民の愛情を得ることも忘れなかった。彼女ほど、難しく困難な状況において、王位を受けたイングランドの主権者はいない。そして、彼女ほど一貫した成功と幸運に導かれ、統治を行なったものもいない。寛容という宗教的党派を統制する真の秘密に習熟していなかったに

もかかわらず、彼女はすぐれた深慮によって、宗教的混乱から国民を守ったのである。（Hume 1983b, 351-352）

その上で、絶対君主制を主導し法の支配を否定したエリザベス一世の政治的知性をなぜヒュームは評価したのかについて、私は前章の最後で次のように指摘した。ヒュームは、もしエリザベスの政治的知性が法の支配の確立しつつあった十八世紀イングランドに発揮されたならばという仮想的状況の中に、先駆的な保守的自由主義者の真骨頂を想像した、と。これとまさに同じことが福澤の家康論に当てはまるのではないか。すなわち、福澤は、「もし家康の政治的知性が立憲主義を導入しつつあった明治の日本に発揮されたならば」という仮想的状況のなかに先駆的な保守的自由主義者の真骨頂を想像したのである。

第四章

ナイトの政治的知性の観念について

1　政治的知性と倫理的知性

ナイトの政治的知性の観念を考察する場合、ヒュームや福澤とは異なる二つの要素を指摘する必要がある。それはいずれも二十世紀アメリカという文脈と密接に関連している。一つは、立憲共和制という国家の基本構造であり、もう一つは、ナイトが十六世紀後半から十七世紀に始まったと主張する「自由主義革命」から四百年以上を経て、権力の平均としての法の支配とその社会制度的表現である自由な民主政治と自由企業が相当程度成熟したアメリカ社会という文脈である。

ヒュームが政治的知性を論じたのは、アルフレッド大王やエリザベス一世の事例のように、君主制の下における君主の政治的知性である。彼は、マキャヴェリの『君主論』や『ディスコルシ』における為政者の力量 virtu という考え方の影響の下、アルフレッド大王やエリザベス一世の、国難に対処し国家の秩序と繁栄を維持するためにときには偽善をも厭わず、自由と秩序の動態的バランス感覚を発揮する政治的力量を論じていた。そして彼は、彼らに象徴される政治的知性が、未だ成立間もない十八世紀イギリスの制限君主制においても、その生じうる危機に対処する君主および議会の指導者たちに求められると考えていた。これと同様に、福澤は徳川家康に言及しつつ政治的知性を論じている。彼は『文明論之概略』において、公徳と公智と狡知を区別しつつ、「秀吉の天下を掠め取った狡猾でずる賢い家康」という世間一般の評価とは異なって、天下布武の力量と天下泰平への転換力と堪忍を合わせ持った徳川家康の公智に重ねて、政治的知性を理解していた。それは、戦国時代の無秩序に終止符を打つために、イギリスの制限君主制とは異なるけれども、皇室の権威と幕府の権力という権力平均の主義に基づく政治体制を確立した政治的知性であり、そしてこの家康に象徴される政治的知性が、明治維新から二十年余を経た立憲政治の草創期における明治の指導者たちに求められると福澤は考えていた。それを彼は、第一部第二章で引用したように、明治二十二年の「時事新報」の論説「旧藩政と英政と」で、「山爺（郷士勢力）と獅子王（藩閥勢力）の知恵比べ」と表現したのである。

これに対して、ナイトが論じたのは、アメリカの立憲共和制における政治的知性であり、しかもそれは、ナイトのいわゆる「自由主義革命」から四百年の間に、様々な危機を乗り越えて成熟しつつある法の支配（自由企業と自由な民主政治）の危機に対処しうる政治的知性である。したがってそれは、いわゆる立憲主義的三権分立制の危機に対処する政治的指導者たちに求められる政治的知性だけでなく、むしろそれ以上に、彼らの政治的知性を信認する国民の知性である。彼は、このアメリカ的な法の支配の危機に対処する指導者の政治的知性を信認する国民の知性について、自由主義の倫理を担う知性、いわば「倫理的知性」と表現している。

ナイトが一九二一年に公刊した『リスク、不確実性および利潤』から一九六〇年の『知性と民主的行動』までの期間は、アメリカ的な権力平均としての法の支配、すなわち三権分立に基づく共和制的立憲民主主義が成熟しつつある時期であると同時に、その危機が連続的に生じた時期でもある。それは、第一次大戦後の一時的な経済好況から一転して一九二九年のウォール街における株価大暴落に始まる世界恐慌とニューディール政策[33]、そして第二次世界大戦と戦後復興の時代である。

残念ながら、ナイトはこれらの危機に対処する指導者の政治的知性について論じてはいない。ただし彼は、ジョン・アクトン卿（1834-1902）に言及しつつ、「絶対的権力は絶対的に腐敗する」ことを指摘しており、その保守的自由主義の姿勢から考えて、ヒュームや福澤諭吉と同様に、政治的指導者の「国難に対処し自由と秩序の持続可能性のためにときには偽善をも厭わず動態的バランス感覚（公智）を発揮する政治的力量」の重要性を認識していたと思われる。

ナイトが論じているのは、危機に対処する政治的指導者を信認する国民の倫理的知性である。この倫理的知性とは個々の国民の道徳的信念や宗教的信条のことではない。その意味で、彼は倫理を道徳から区別する。法の支配の危機において、国民が、「夢想的な愚か者」であり「反社会的な社会的動物」であるという人間のパラドクシカルな存在性格を自覚しつつ、様々な道徳的、宗教的熱狂や政治的デマゴギーに左右されずに、かといって、将来の「正しい道」が見えない中で判断停止に陥ることなく、政治的指導者を信認するという判断責任を引き受ける。これがナイトのいう倫理的知性である。そしてそれは、議院内閣制と象徴天皇制の並立する現代日本の立憲主義政治体制においても、政治的指導者を信認する国民の倫理的知性はどうあるべきかを考える重要な示唆を与えるものでもある。

そこで以下では、ナイトの倫理的知性についての議論および保守的自由主義の制度構想について論じることにしよう。

2 知性と自由企業について

ナイトが倫理的知性を論じるのは、主に戦後の復興期以後であり、ここではそのうち、一九四七年の論文「自由社会の病弊」と一九六〇年の『知性と民主的行動』の議論を取り上げるが、その前に一九二一年の『リスク、不確実性および利潤』における知性概念について再確認しておこう。

33 ローズヴェルト大統領のニューディール政策とコート・パッキング法案をめぐる法の支配の危機については、第二部第三章を参照。

知性を知識というレベルで考えると、ナイトのいう知性とは「自由主義革命」が生み出した自由社会で人間が身につけることを迫られたある種の判断力である。それは、自由社会における人間が将来の不確実性に対処するための有限な能力だが、同時に、有限であるがゆえに誤りうる結果を引き受ける責任を含んでいる。これについて、ナイトは『リスク、不確実性および利潤』の中で、知性と自由企業という文脈で論じている。

議論の基本的な筋立ては、既に第一部第三章第四節で述べたことだが、次のようなものである。まず、不確実性が存在しない社会を想定して、そこに自由と不確実性が導入されたと考える。そのとき人間は、それまでとは異なって、将来の不確実な状況に対処するために、有限な知性を用いて何をどう為すべきか決定しなければならない。その結果、自由企業という経済組織が生み出されるのである。

> 不確実性が存在しない社会を取り上げて、そこに不確実性が導入されたと考えて、社会の構造にどういう変化が起きるか……（264）

不確実性が導入され，無知という事実によって、また知識ではなく意見に基づいて行動せざるを得ないことによって，エデンの園のような状況は、その性格を全く変えてしまう。不確実性が存在しないならば、人々のエネルギーはもっぱら物事を［機械的に］行うのに費やされる。そうした状況においては、知性が存在するかどうかは疑わしい。完全情報が理論的に可能であるような世界では、あらゆる生物の［環境への］適応は機械的であるだろう。あらゆる生物は自動機械 automata である。不確実性が存在する場合、物事を行う、実際に行動するというのは、本当の意味で生命の第二段階となる。［そこでは、］主要な問題あるいは機能は、何を為すべきか、そしてそれをどのように為すべきかを決めることである。不確実性という事実によってもたらされる社会組織の二つの最も重要な特徴がこれまで指摘されて来た。第一に、商品が市場で、［消費者の］欲求についての全く一般的な予測に基づいて作られ、……生産者が消費者の欲求を予測する責任を負う。第二に、予測という仕事と同時に、生産の方向性と指揮監督の大部分が生産者のごく一部の集団に集中し、そこに新しい経済的職能、企業家が生まれる。（268）

ここでナイトが述べているのは、不確実性が存在しない状況、将来が過去と同じように生起する状況では、人間を含むあらゆる生物の将来への適応は機械的であるということ、「あらゆる生物は自動機械 automata」であり、そうした状況では知性は存在しないということである。将来の不確実性に直面したとき、人間はどうすべきか判断を迫られる。そこに知性の契機が生じる。だが人間の知性は有限である。ナイトは人間の知性が有限であると繰り返し強調しているが（206-207）、人間が知性を発揮して得ることができるのは完全な知識ではない。誤りうる予測に過ぎない。それを彼は判断あるいは評価と呼んでいるが、誤りうる判断であるがゆえに、間違った判断をしたときにその責任をどう引き受けるのかという問題が生じる。このことを自由な経済生活に当てはめるならば、一人一人の消費者はどの消費者も自分一人の将来の消費生活についての予測を基礎として、消費者全体の将来の消費生活の予測を立てることなどできないし、それが間違っている場合にその責任を引き受けることなどできないだろう。それゆえ、消費者全体の将来の消費生活の予測あるいは判断はむしろ生産者が行うことになる。そしてその予測や判断が間違った場合には、生産者全員が平等にその責任を負うのではなく、将来の生産の方向性と指揮監督を行なう生産者のごく一部の集団がその責任を負うようになり、そこに自由企業と企業家が生じる。

こうして知性とはまず、不確実な将来に対処するための有限で誤りやすい予測あるいは判断である。それは十七世紀以来の西洋哲学が追い求めてきた合理主義的理性とは異なるが、かといって全くの思いつきや当てずっぽうではない。それは「それなりの分析と総合の方法」すなわち、類似の事例の集合化という方法に基づく確率判断である。つまり知性とは、知識という観点から見ると、確率判断である。

確率が百パーセントに近いものではなくても、五十パーセントかそれ以下であっても、……もしある事例の分類において、得られる結果が確実でなく、非常にありそうだということもなく、単に偶然的であったとしても、もしそれが生じる確率が知られている場合には、

問題の状況でどのように行為するか、知性的に判断することができる。（212-213）

この確率判断についてナイトは三つを区別していた。[34] すなわち、（一）客観的に類似の事例集合に基づく確率計算と、（二）同じ人間の判断事例の集合に基づく確率判断（評価）と、（三）他者の判断力一般に対する自分の評価事例の集合に基づく確率判断（評価の評価）である。このうち第二の確率判断について、ナイトは経営者の「事業を見る目」と考えていた。さらに、経営者にとって最も重要な確率判断として、第三の他者の判断力一般に対する確率判断（評価の評価）すなわち「人物を見る目」を挙げていた。

人間は他者について、一定の期間にわたって彼の振る舞いを観察することに基づいて判断し、さらに単なる外見や会話等から［彼の］印象を形成し、それが妥当であると主張する。他者についてのこうした知識は、我々が社会という組織において互いに知性的に生きて行こうとする際に、最も重要な要素の一つである。（287）

他者の意見や能力（の価値）の評価はおそらく、人が人生において決定をするためのデー

34　第一部第三章第三節を参照。

タの最大の部分を形づくっている。それは少なくとも、高度に組織化された経済活動の領域においてそうである。(287-288)

このように見るならば、自由企業と企業家に必要な知性とは「事業を見る目」であり、何よりも「人物を見る目」である。だがそれだけではない。知性が有限であり誤りうるならば、「事業を見る目」や「人物を見る目」が間違ったときに、失敗を引き受ける責任がなければならない。つまり知性は「事業を見る目」や「人物を見る目」というある種の不完全な知識であると同時に、責任を引き受けるという倫理的観念を含んでいる。

この「知性は有限な知識(三つの確率判断)と倫理(結果責任)を含む」という考え方は、自由企業という文脈だけでなく、自由な民主政治という高度に組織化された政治的文脈において、政治的指導者だけでなく、さらにより広く国民一般に求められる。たとえば、自由企業の議論において、有限な知識とその可謬性を引き受ける責任の欠如がインサイダー取引や労災補償の問題などの様々なモラルハザードを生むと指摘されていた。[35] だがそれは、自由企業という文脈では、主に自由企業の経営者および企業に投資する投資家に求められる知性と責任の問題として考えられている。それが、自由な民主政治の議論では、自由と秩序という基本的諸価値の調整の問題として、それに対処するための有限な知識を有しその可謬性の結果を引き受ける指導者の政治的知性だけでなく、そのような政治的知性を有する指導者を信認する国民の倫理的知性の問題として論じられる。

3　倫理的知性と自由な民主政治について

ナイトにとって自由な民主政治における倫理的知性とは、自由社会の不確実性と持続可能性に対処するための「物事を判断する目」と結果責任を引き受ける政治的指導者を信認する国民の「人物を見る目」と結果責任を含む観念である。

この国民の倫理的知性について、ナイトは最初、やや楽観的な見方を示していた。たとえば、『リスク、不確実性および利潤』で彼は、自由民主主義の発展のためには「責任ある立場の人間が自分の職務を全うすることによってのみ自分の地位を確保することができると感じる」ような政治的知性が必要であると指摘しつつ（360）、他方で、「民主主義の知性と効率へと向かう進歩」は、そのような政治的知性を持った政治家を選別する有権者の「人物を見る目」に究極的に委ねられていると主張し、これについて、「大衆は、政治的イシューや統治の技術については無知だが、政治家としてのすぐれた資質について、ある種の直感に基づいて賢明に選択する」というアメリカ社会学会創設者の一人であるC・H・クーリーの楽観的な見解を紹介している（302）。

35　第二部第三章第三節を参照。

けれども、第二次世界大戦後の復興期に出された一九四七年の「自由社会の病弊」では、その表題が示すように、争いを生む人間の対抗心や、道徳主義であれ科学主義であれその夢想主義的傾向が政治的指導者のアジテーションによって踊らされポピュリズム的政治に陥りやすいという、人間性のネガティブな側面が強調されている。だがそれは、法の支配の危機に対処するための国民の倫理的知性について悲観的であるということではない。むしろそれは、国民の倫理的知性について慎重でありながら、それゆえにこそ国民に対する倫理教育の必要性を説く姿勢である。そしてこの国民の倫理的知性と倫理教育の重要性を説くのが、一九六〇年の『知性と民主的行動』である。

ナイトによれば、倫理的知性の起源は、「自由主義革命」によって清貧や宗教的権威への従順という中世の修道士的な理念から解放され、豊かさを求める自由で多様な価値観に基づく活動に人々が向かうようになったときであり（Knight 1982, 202、ナイト2009, 152）、そこに有限な知性による選択と結果責任の問題が生じる。だが、人々が豊かさを求めて自由で多様な価値観によって活動し始めたときに直面したのは、「反社会的な社会的動物」という人間性のパラドックスであった。宗教的権威が支配する社会では、有限な知性による選択と結果責任が問題になることはなく、それゆえ「反社会的な社会的動物」のパラドックスも問題とならない。

宗教の社会的機能とは、超自然的制裁すなわち神への深慮や畏怖の念に訴えることを通じて、夢想的な人間本性が持つ破壊的な傾向を押さえ込むこと、すなわち日々の生活の基礎である確固たる事物の秩序を、人々が受け入れるように強制することである。……宗教的方法は、人間がその内にある邪悪なものに気づき、人間性を変化させ、止むことのない渇望を抑圧し根絶することによって「森羅万象を受け入れる」ことである。（Knight 1982, 196-197、ナイト2009, 146）

だが、宗教的権威の支配から解放されて人間が自由に活動するようになると、多様な文化的価値観の違いだけでなく、自由と秩序や安心安全、効率と平等などの基本的価値観についての意見の違いが表面化する。そこで彼らは互いの違いを交渉によって調整し、協力して合意をめざそうとするのだが、同時に、「人間は異なる意見を持つ動物であり、自分の意見に固執する動物であって、うぬぼれ、偏見を持ち、ドグマティックな上に、自分の意見は神聖ないし絶対的なものであるとの思いにふける」（Knight 1960, 132、ナイト2012, 190）という「内なる人間性の不調和」（Knight 1960, 9、ナイト2012, 13）を克服しなければならない。

そのような人間性のパラドックスを克服しつつ、「人物を見る目」を発揮して、自由な民主政治と法の支配の危機に対処する政治的指導者を信認する倫理的知性を国民は身につけることができるのか？　それによって、自由な民主政治をより健全な制度として育成しつつ、法の支配の持続的な発展を可能にすることができるのだろうか？

4　倫理的知性教育

この問いに対して、ナイトは決して楽観的ではない。だが悲観的でもなかった。彼は、国民の倫理的知性について慎重な態度を示しつつ、倫理的知性教育の重要性を説いている。率直に言って、その内容は必ずしもわかりやすいものではないし、明確な教育プログラムを含む教育政策が述べられているわけでもないが、議論全体の中に幾つかの重要なポイントを認めることができる。

第一のポイントは、知性の有限性と不可分の新たな真理観の提示である。我々の知性は有限であり、常に誤り得る。だがこのことは「真理を探求し真偽を明らかにすることは無駄であり諦めるべき」ということを意味しない。むしろ、知性は有限だからこそ、それを磨き、より洗練されたものとなす努力をすべきであり、そのためには、真理について新しい考え方を受け入れる必要があると説く。それはすなわち、「真理とは本来的に「動態的な」ものであり、変化にさらされつつ、現実に成長し変化していくものである」（Knight 1982, 468-469、ナイト2009, 209）という真理観である。

ナイトによれば、この真理観は自由主義革命とともに生じた。それは自由社会の不確実性と進歩に対応するための真理観である。すなわち、「あらゆる真理は暫定的であり、あらゆる知識と価値は相対的である。真理の概念は進歩する動態的なものである」（Knight 1960, 132、ナイト2012,

190)。これに対して、自由主義革命以前では、真理は全能の神の善性の観念と結びついており、そこから真理と善と正義は一体であり、神聖かつ疑うべからざる律法であるという道徳的解釈が支配していた。新しい真理観はこの真理の道徳的解釈を否定する。けれども、新しい真理観もまた、自由と秩序、安心安全、効率、平等という基本的諸価値の対立と調整や「反社会的な社会的動物」のパラドックスという価値の問題に関わらざるを得ない。これについてナイトは、古い宗教的真理観と結びついた道徳の概念に代えて、自由社会において知性が対処する真理と価値の問題について「倫理」という用語法を提案する。

そしてこれが、倫理的知性の教育プログラムの第二のポイント、すなわち道徳と倫理の区別である。彼は「合理的規範の探求」を論じた箇所で大略次のように述べている。

> 現代の民主的社会では、法律は社会の変化についての自由な熟議に基づいて制定される。このことは法律に反映される公共的な善について、これまでとは歴史的に異なった新しい問題を生み出す。それは、「進歩する」道徳、あるいは動態的な「善」という問題である。この観念を表現するためには、従来の所与で不変で静態的な慣習 mores を意味する道徳とは別の用語法が考えられねばならない。それに最も適した用語法は「倫理」であると思われる。[36]
> (Knight 1960, 24-25、ナイト2012, 35-36)

それは、自由社会の不確実性が深刻化する中で、自由な民主政治が真理と価値の問題に対処するときに、社会の混乱と無秩序を生み出すのではなく、真理と価値の問題に漸進的な進歩あるいは動態的な「善」という方向性を与えつつ、自由社会の秩序を維持しようとする。それが「倫理」という姿勢である。

それゆえ第三に、「倫理」とは特定の宗教的戒律や伝統的習俗を意味するものでも、特定のイデオロギーや価値体系を意味するものでもない。それはむしろこうした様々な価値観の対立を緩和し、漸進的な進歩という方向性の下で価値観の相互調整とバランスを図る姿勢である。これについてナイトは、倫理教育プログラムは自由社会の基本的諸価値である自由と秩序や安心安全、効率、進歩、平等、文化の相互調整と動態バランスを図ることを目的とすると大略次のように論じている。

まず我々の社会が自由を知性的に指向しているという前提の下で、自由と秩序が対立する場合には法と秩序が優先する。我々は自由を抑圧する法秩序を望まないけれども、行き過ぎた自由が「反社会的な社会的動物」という人間性に与える影響を考慮しなければならない。安心安全の問題は、自由と秩序の問題と同様に考えることができる。もう一つの重要な価値は効率であり、それは資源の効率的活用のための自由企業を求めるが、効率と自由および安心安全はときに厳しく対立する。進歩は他のすべての価値に関係する価値である。正義と平等は最も論争的な価値であり、自由社会は正義と平等について一般的合意をめざしつつ、それが自由社会を否定して権威主義的社会を招くことのないように注意しなければならない。最後に、美的および知的な文化の進歩はそれ自体独立した価値である（Knight 1960, 154-155、ナイト2012, 221-222）。

5　倫理的知性と責任

こうして、倫理的知性教育プログラムの主要な三つのポイントが明らかになる。それはすなわち、（一）動態的で進歩する真理観、（二）倫理と道徳の区別、（三）漸進的な進歩の下で、基本的諸価値の相互調整とバランスを図る判断の倫理性である。

この倫理的判断には、それが誤っていた場合、その結果を引き受ける結果責任の観念が含まれている。これについて、ナイトははっきりとした議論を展開していない。だが、彼の断片的な議論を寄せ集めると、以下のような考えを導くことができるように思われる。

まず、その判断が真摯な倫理的姿勢によって下された場合と、「倫理」的姿勢を装って実際には反社会的な動機に基づいて下された場合とを区別する必要がある。確かに両者を区別すること

36　ナイトはまた、道徳から倫理への移行について、伝統的で既存の規範問題からより包括的で動態的で未来志向の価値問題への移行と表現している。（Knight 1960, 139-140、ナイト2012, 201）

はしばしば困難だが、それでも区別の重要性は常に認識されねばならない。その上で、後者の場合、その責任は反社会的決定を下したものに帰せられる。ナイトはこれについて、若者の無責任で反社会的な行動を念頭に置きながら次のように述べている。

自由な人間は［自分の行為に対して］責任を感じ責任を果たすように教え込まれねばならない。自分の漁のために水面を叩いて［周囲に迷惑を掛ける］ような人間に対しては、利己主義的であるのか、悪気はないが無知で夢想的かにかかわらず、表現の自由に対してさえおそらく制限を加えねばならないだろう。（Knight 1982, 241-242、ナイト-2009, 139）

また、より一般的に反社会的な動機に基づく決定については、次のように述べている。

自由で高度に組織化された社会は権力乱用の広範な機会を提供しており、人間が不完全な存在であることからすれば、多くの人々がその誘惑に負けてしまうのは必然である。現代の自由主義は自由を強調し、それは極端で無批判的なものになりがちであり、無責任を助長して来た。……［これに対して、］社会は人々を教育し抑制しなければならない。（Knight 1982, 204、ナイト-2009, 154-155）

これに対して、自由な民主政治において、政治的決定が真摯な倫理的姿勢によって下された場合、その結果責任は誰がどのように引き受けるべきなのか。ナイトはまず、このような決定の難しさを指摘する。自由社会においてこのような決定を下すためには、「全ての人々がいまだかつて誰も正確に認識することができない数多くの事柄について認識せねばならず、［そのような不十分な］認識に基づいて合意しなければならない。それには骨の折れる多大な努力を積んだ後に、［誰も納得できない合意を受け入れるという］途方もない寛容が求められる」（**Knight 1960, 140-141**、ナイト**2012, 202**）。この議論は一見すると、自由な民主政治における政治的知性の倫理的決定は、納得して合意したわけではないのだから、誰も責任を負わないと言っているように見える。しかしそれはそうではない。むしろ、道徳的に納得したわけではないが、倫理的に合意したのだから、当事者すべてがその結果について責任を負う。ナイトはそのように考えていた。

これについて、彼はスポーツマンシップと結果責任の比喩によって説明している。「倫理的理想はフェアで面白いゲームである。スポーツマンシップが自由主義倫理の主要部分を占めるのだ」（**Knight 1982, 467**、ナイト**2009, 207**）。つまりそれは、「フェアな競技の結果は当事者（プレーヤーとその観客）すべてが受け入れなければならない、それがスポーツマンシップというものだ」という考え方である。

「自由主義革命」によって生み出された自由な民主政治がフェアで誰もが関心を持って参加するゲーム、政治的競技へと進歩する過程で、自由な民主政治は幾つもの危機を克服しなければならないだろう。そのためには、危機に対して下された政治的指導者の決定が真摯な政治的知性によってなされる限り、与党も野党もそして彼らを信認した国民も、それに関わる全ての当事者がその結果を受け入れる責任がある。この意味で、倫理的知性の責任とは、スポーツマンシップと寛容の精神に基づく結果責任の倫理性である。

おわりに

自由社会の指導者の政治的知性を信認する倫理的知性を、アメリカ的法の支配である共和制的立憲民主主義の危機の場面に重ねるとどうなるだろうか。たとえば、既に述べたように「コート・パッキング法案」をめぐるローズヴェルト大統領と連邦最高裁判所と連邦議会の緊張関係はそのような法の支配の危機の可能性を孕んでいた。そうした場面で指導者に求められる政治的知性には、ヒュームのいう「素晴らしき偽善」あるいは福澤諭吉のいう「公智」が含まれている。「コート・パッキング法案」の事例では、大統領と裁判所と議会のそれぞれがそれぞれの立場で「素晴らしき偽善」あるいは「公智」を発揮し、危機を乗り越えて法の支配に新たな伝統を積み重ね、法の支配の進歩を達成したのである。ではこのような場面において、政治的指導者の政治的知性を判断しそれを信認する国民の倫理的知性はどうあるべきか？

残念ながら、ナイトは「コート・パッキング法案」の事例に言及していないので、この事例に即して法の支配の危機における国民の倫理的知性を論じることはできない。だが彼は、危機における倫理的知性について大略次のような議論を行なっている。

政治家であれビジネスリーダーであれ労働界のリーダーであれ、もしこれらの民主的に選ばれたリーダーたちによって明らかに間違ったことが扇動的に行なわれようとしている場合に、国民は彼らを信認するか否かについて、その「人を見る目」と責任が問われることになる。その際に必要なことは、「批判的であれ」、「夢想的であってはならない」ということである。これを表現する行動原則は次の二つである。一つは、複数の可能な選択肢を批判的に評価することによる知性的判断と選択に基づかない限り、信認するのは賢明ではないというものであり、もう一つは、この条件が満たされるならば信認せよというものである（Knight 1960, 13-14、ナイト2012, 19）。

これは、「危機を我慢せよ、感情に流されてはならない」、「為政者のポピュリスト的言辞に惑わされるな」、「そのうえで、複数の選択肢を評価して、素晴らしき偽善あるいは公智を発揮しうるリーダーを信認せよ」ということであろう。これはヒュームや福澤諭吉が政治的指導者に求めた寛容あるいは堪忍の精神に通じている。ナイトはそれを国民のレベルにまで広げたのである。彼はこの行動原則を保守的自由主義と呼ぶ。


あらゆる行動は先例となる慣行の変更を伴うから、上述の原則は「保守的」態度を示すものだが、保守主義は自由主義のアンチテーゼではない。むしろ自由主義の別の側面なのである。保守主義はあらゆる変化に反対するものではなく、変化が改善の方向へと向かう、すなわち「進歩」を促進すると信じるに足る妥当な根拠がある場合にのみ、変化を支持するのである。(Knight 1960, 14、ナイト2012, 20)

第一部第三章でも言及したが、ナイトは、危機における国民の倫理的知性の可能性について、『知性と民主的行動』の最後で次のように締めくくっている。すなわち、自由社会における自由には多くの限界がある。そしてその限界を自覚し、それを受け入れ、その限界の範囲で知性的に行動すること。それこそが人生のかけがえのない賜物である自由を得るための代償なのである。

おわりに

法の支配と政治的知性と市民の倫理的知性

保守的自由主義のエッセンス

保守的自由主義のエッセンスは、健全な懐疑主義に基づく権力平均としての法の支配とそれを支える動態的バランス感覚である。

健全な懐疑主義は、人間社会の持続可能性という要請を率直に受け入れつつ、そのために、絶対的信仰でもなく絶対的懐疑でもないその中間の道を進む姿勢である。健全な懐疑主義を近世ヨーロッパにおいて最初に、人間の認識と行為の全領域に適用したのは十八世紀スコットランドの哲学者、デヴィッド・ヒューム（1711-1776）である。彼は、キリスト教の全知全能の神の存在を前提としなくとも、健全な懐疑主義によって近代社会における人間の知識と倫理の進歩が可能であることを示そうとした。彼の思想は同時代の人々によって受け入れられるものとはならなかったけれども、十九世紀の日本で間接的に福澤諭吉に受容され、二十世紀のアメリカで保守的自由主義の公共哲学を唱えたフランク・ナイトによって現代の我々に受け継がれている。

健全な懐疑主義は、その制度的表現として、権力の平均あるいは法の支配を導く。法の支配の現代的表現である立憲主義は、権力の集中を排除することが人間社会の持続可能性と進歩を可能にするという考え方である。法の支配は、普遍的正義を実現する積極的正義ではない。「権力の目的にかかわらず、権力の集中と乱用は防止せねばならない。そのためには権力の平均が制度化されねばならない」という消極的正義の主張である。

だが、この権力の平均としての法の支配は、人間の「超越的理性」によって必然的に導かれるものではないがゆえに、決して盤石で本来的に安定的な基盤の上に立っているわけではない。法の支配は人間性のパラドックスを含んでおり、それゆえ一歩間違えば、権力欲に憑かれた権力集中の方向か、権力への嫉妬心に由来する無秩序の方向か、右か左へと転がり落ちる危険性を常にはらんでいる。

この人間性のパラドックスに対処し、権力平均としての法の支配とその制度的表現である自由な民主政治と自由経済の持続可能性のために求められるのが、動態的バランス感覚である。それは、特に法の支配の危機の場面においては、政治的知性と呼ばれる。

政治的知性は、人間性のパラドックスを引き受けながら、自由社会の持続可能性と平和を希求する指導者の政治的バランス感覚である。それは、人間の感性のぶつかり合いからいかにして平和と秩序が生み出されてきたのかについての深い理解、法の支配の背後に働いている権力者の権力欲と人民の嫉妬心についての認識と、人間社会の持続可能性のために未来の不確実性に対処する決断力を含む公智とでも言うべきものである。

政治的知性は、「真理」＝「善」＝「美」の普遍的調和を認識するプラトンの善のイデアのような「知性」ではない。他方でそれは、一歩間違えば狡知にもなりかねない危うさを伴っており、しばしば、政治的リアリズムにおける狡知、いわゆるマキャヴェリズムの権謀術数と同一視され非難されてきた。だが我々は、人間性のパラドックスを直視しつつ、政治的知性について真剣に問う必要がある。

指導者の政治的知性と市民の倫理的知性

二十一世紀においても、権力の平均としての法の支配が人間性のパラドックスという不安定な地盤にのっていることに変わりはない。これまでの歴史を見れば、法の支配は直線的に進むのではなく、上昇と下降を繰り返しながら全体として進歩してきた。そのことを考えれば、特にその下降局面における危機は、二十一世紀においても幾度となく生じるだろう。それは、法の支配と権力の平均そのものを危機に陥れる内乱や戦争という形かも知れないし、あるいは「法」の支配の名の下での権力の専制と全体主義という形をとって訪れるかも知れない。

そのときに、法の支配と自由な民主政治と自由経済の危機を克服するための政治的知性を担うのは誰か。十八世紀のヒュームはそれを政治的支配者に求めていたし、十九世紀の福澤諭吉は政治的指導者層だけでなく、当時形成されつつあった自由企業の経済的指導者たち（主に旧士族層）に求めようとした。そして二十世紀のナイトもまた、危機における政治的知性の担い手を主に自由企業と自由な民主政治の指導者たちに求めたが、同時に、彼らの政治的知性について判断を下す一般市民の間接的な知性を倫理的知性と呼んで、その可能性にやや懐疑的な姿勢を含みつつ言及していた。

二十一世紀において、法の支配の危機に対処する担い手はもはや政治と経済の指導者たちだけではなく、指導者たちの政治的知性について判断を下す市民全体である。

この倫理的知性の担い手として一般市民の重要性はますます高まるだろう。だが彼らが発揮すべき知性とはどのようなものか。それは、危機に直面した自由な民主政治と自由経済の指導者たちが直接発揮するような政治的知性ではない。それはヒュームのいう「素晴らしき偽善」でもないし、福澤諭吉のいう、狡智と区別される「徳川家康の公智」でもない。それは間接的な知性であり、あえて言えば指導者たちの狡智と公智を見極める知性である。だが、現代の市民は法の支配の危機に直面したときに、ポピュリズムと恐怖政治の罠に陥ることなく、指導者たちの狡智と公智を判別する知性と判断力を冷静に発揮することができるのか。必ずしも楽観的ではない。

市民の倫理的知性教育

何か方策があるとすれば、それは市民一人一人が自らの情念と想像力を鍛えることによって倫理的知性を磨くことだろう。情念と想像力のパラドックスを自覚しつつ、バランス感覚を磨くことである。情念も想像力も両極端に陥りやすい。ヒュームや福澤諭吉が説いたように、欲望を追求すれば貪欲となり、それを否定すれば無謀となり、それを否定すれば無為無欲となる。好奇心を強調すれば無謀となり、それを否定すれば臆病となる。また想像力は過去の連想と惑溺に陥りやすく、その反対に未来の空想と熱狂に舞い上がりやすい。これに対して、情念を抑制しつつ肯定するバランス感覚を磨き、過去に留意しつつ未来を構想する。それが、人間性のパラドックスを自覚しつつ情念と想像力を鍛えてバランス感覚を磨くということである。

二十一世紀の我々にとって、こうした情念と想像力を鍛えるための倫理的知性教育の必要性はますます高まるだろう。その教育プログラムのモットーを一言でいえば、幼児教育から社会人教育を含めて、「過去から学び、常識を疑い、未来を開く」ではないだろうか。つまり、保守教育と自由教育の組み合わせである。その教育の柱は二つのものから成るだろう。一つは歴史教育であり、もう一つは競技の学びである。歴史教育とは、過去の我々の社会の権力平均と権力集中の歴史を丹念に明らかにし、だがそれはどこまで行っても「群盲象をなでる」作業であることを自覚しつつ、多様な観点から権力平均と法の支配についての歴史の物語を語り学ぶことである。また競技の学びとは、子供の頃の遊戯、様々なスポーツのトーナメントや文化芸術のコンテストを含む多種多様な表現活動や政治経済活動を通して、人間の知性的活動である競技の精神を学ぶことである。そして、こうした歴史教育と競技の学びによって、ナイトが述べていたような動態的で進歩する倫理観を我々一人一人が身につけ、スポーツマンシップと寛容と結果責任の倫理を引き受けながら、自由社会の指導者を選択し信認する試行錯誤を通じて、新しい歴史を積み重ねることである。

この過去の我々の社会の権力平均と権力集中の歴史を多様に語り学ぶことについて、最後に一つの事例とそれについての私の考え方を述べることによって、論を結ぶことにしたい。それは、戦前の日本の限定的とは言え立憲政治の下での法の支配の危機、権力平均の政党政治から軍部の権力集中に向かう危機の際のある出来事である。昭和五（1930）年四月、ときの浜口雄幸内閣（民政党）が、直前の解散・総選挙での民政党の圧勝を背景に、ロンドン海軍軍縮条約に調印し、その批准を求めて国会で論戦が行われた。そのときに、選挙で敗北した政友会は、明治帝国憲法第十一条（統帥権）に言及しつつ、国防に関して天皇を輔弼する軍令部の「統帥権干犯」であるという軍部の論理を援用して民政党を攻撃した。これに対して浜口内閣は、議会の圧倒的な議席を背景に、議会での論争に応じなかった。結果として、軍縮条約は批准されたが、政党政治はこれ以後、「統帥権干犯」という軍部の論理に抗することができずに、昭和六（1931）年九月の満州事変を始めとする軍部の暴走を許すことになった。

この歴史的出来事について、政友会が「統帥権干犯」という軍部の論理を持ちだしたのは「政党の自滅行為」（松本2007, 219）であるという意見もあり、むしろこの政友会のいわば禁じ手を正々堂々と論破するという政党政治の論理を放棄した民政党政権の「問答無用」（井上2012, 94）の驕りが政党政治の崩壊を招いたという意見もある。いずれにせよ、ここで指摘しうるのは、このときの政党政治の指導者たちに、天皇主権という限られた立憲政治の下ではあれ、権力平均としての法の支配の危機において、軍部の権力集中の動きに対抗して政党政治の持続可能性と法の支配の伝統を維持するための政治的知性がなかったということだろう。

翻って現在我々は、自衛隊と憲法第九条と憲法改正という政治状況に直面している。憲法第九条と憲法改正については、九条に第三項を設けて自衛隊を明記する案や第九条の二を設けて国防軍を明記する案などが示され、賛成論や反対論が入り乱れて活発な議論がなされている。こうした議論を見て私が思うのは、将来、憲法改正の有無にかかわらず、平和憲法と防衛力をめぐって国民主権の立憲政治の真価が問われたときに、政党政治の指導者たちは政治的知性を発揮することができるだろうか、そして我々国民は政治的知性を発揮しうる指導者を選んで信認する倫理的知性を発揮できるだろうかということである。日本国憲法における政党政治と自由な民主政治の持続可能性は、指導者の政治的知性とそうした指導者を選んで信認するという国民の倫理的知性の試行錯誤的実践によって、権力平均としての法の支配の伝統を一つ一つ積み重ねることによってしか得られないのだから。

参考文献

アリストテレス（1961）『政治学』、山本光雄訳、岩波文庫

――（1971）『ニコマコス倫理学（上）』、高田三郎訳、岩波文庫

井上寿一（2012）『政友会と民政党：戦前の二大政党制に何を学ぶか』、中公新書

猪木武徳（2012）「福澤諭吉の公共性の哲学」、『公智と実学』所収、慶應義塾大学出版会、95-120

戒能通弘（編）（2018）『法の支配のヒストリー』、ナカニシヤ出版

ウェーバー、マックス（1936）『職業としての学問』、尾高邦雄訳、岩波文庫

宇沢弘文（2013）『経済学は人びとを幸福にできるか』、東洋経済新報社

桂木隆夫（2005）『公共哲学とはなんだろう：民主主義と市場の新しい見方』、勁草書房

――（2009）『すれっ枯らしの公共心：続・公共哲学とはなんだろう』、勁草書房

――（2014）『慈悲と正直の公共哲学：日本における自生的秩序の形成』、慶應義塾大学出版会

桂木隆夫（編）（2014）『ハイエクを読む』、ナカニシヤ出版

坂本達哉（1995）『ヒュームの文明社会：勤労・知識・自由』、創文社

――（2011）『ヒューム　希望の懐疑主義：ある社会科学の誕生』、慶應義塾大学出版会

佐藤幸治（2015）『世界史の中の日本国憲法：立憲主義の史的展開を踏まえて』、左右社

佐藤光・中澤信彦編（2015）『保守的自由主義の可能性：知性史からのアプローチ』、ナカニシヤ出版

スウィーテク、ブライアン（2011）『移行化石の発見』、野中香方子訳、文藝春秋

田中英夫（1980）『英米法総論（上）』、東京大学出版会

内藤湖南（1976）「応仁の乱について」、『日本文化史研究（下）』所収、講談社学術文庫、61-87
ナイト、フランク（2012）『フランク・ナイト　社会哲学を語る：講義録知性と民主的行動』、黒木亮訳、ミネルヴァ書房
――（2009）『競争の倫理』、高哲男・黒木亮訳、ミネルヴァ書房
中村孝也（1959）『徳川家康文書の研究（中）』、日本学術振興会
――（1988）『家康伝』、国書刊行会
二宮康裕（2008）『二宮金次郎の人生と思想』、麗澤大学出版会
ハイエク、フリードリッヒ・A（1986）『市場・知識・自由』田中真晴・田中秀夫編訳、ミネルヴァ書房
――（1987）『自由の条件Ⅱ』、気賀健三・古賀勝次郎訳、春秋社
バーク、エドモント（1969）「フランス革命についての省察」、水田洋訳、『バーク、マルサス』世界の名著34所収、中央公論社
バーリン、アイザイア（1971）『自由論』、小川晃一ほか訳、みすず書房
ヒューム、デヴィッド（2010）『政治論集』、田中秀夫訳、京都大学学術出版会
――（2011）『道徳・政治・文学論集』、田中敏弘訳、名古屋大学出版会
ホッブズ、トマス（1971）『ホッブズ』、永井道雄・宗片邦義訳、世界の名著23、中央公論社
ヴォルテール（2016）『寛容論』、斉藤悦則訳、光文社古典新訳文庫
福澤諭吉（1958）『福澤全集緒言』、福澤諭吉全集第一巻、岩波書店
――（1959a）『童蒙教草』、福澤諭吉全集第三巻、岩波書店
――（1959b）『国会の前途』、福澤諭吉全集第六巻、岩波書店

――――（1959c）「ペルリ紀行抜粋訳」、福澤諭吉全集第七巻、岩波書店
――――（1960a）『時勢問答』、福澤諭吉全集第八巻、岩波書店
――――（1960b）「いろは加留多もご存じないか」、福澤諭吉全集第八巻、岩波書店
――――（1960c）「政治の進歩は徐々にすべし、急にすべからず」、福澤諭吉全集第十二巻、岩波書店
――――（1960c）「政治社会の門閥はいまなお存す」、福澤諭吉全集第十二巻、岩波書店
――――（1960c）「旧藩政と英政と」、福澤諭吉全集第十二巻、岩波書店
――――（1960c）「東京三百年祭会」、福澤諭吉全集第十二巻、岩波書店
――――（1960c）「政治社会を如何せん」、福澤諭吉全集第十二巻、岩波書店
――――（1960c）「安寧策」、福澤諭吉全集第十二巻、岩波書店
――――（1960d）「時事新報の官民調和論」、福澤諭吉全集第十三巻、岩波書店
――――（1961a）「福澤先生の演説」、福澤諭吉全集第十六巻、岩波書店
――――（1961b）「大童信太夫宛書簡」、福澤諭吉全集第十七巻、岩波書店
――――（1978）『新訂福翁自伝』、岩波文庫、岩波書店
――――（2002a）『学問ノス、メ』、福澤諭吉著作集第三巻、慶應義塾大学出版会
――――（2002b）『文明論之概略』、福澤諭吉著作集第四巻、慶應義塾大学出版会
――――（2002c）『帝室論』、福澤諭吉著作集第九巻、慶應義塾大学出版会
――――（2002d）『尊王論』、福澤諭吉著作集第九巻、慶應義塾大学出版会
――――（2003a）『民情一新』、福澤諭吉著作集第六巻、慶應義塾大学出版会
――――（2003b）『通俗国権論』、福澤諭吉著作集第七巻、慶應義塾大学出版会

――（2003c）『通俗国権論　二編』、福澤諭吉著作集第七巻、慶應義塾大学出版会
――（2003d）『時事小言』、福澤諭吉著作集第八巻、慶應義塾大学出版会
マキャヴェリ、ニコロ（1966）『マキアヴェリ』、池田廉・永井三明訳、世界の名著16、中央公論社
松本健一（2007）『評伝　斎藤隆夫：孤高のパトリオット』、岩波現代文庫
山岡荘八（1988）『徳川家康 第十八巻』（全二十六巻）、山岡荘八歴史文庫、講談社
山路愛山（1988）『徳川家康 下』（上下巻）、岩波文庫
横田冬彦（2009）『天下泰平』（日本の歴史16）、講談社学術文庫

Baier, Anette C.（1991）A Progress of Sentiments, Reflections on Hume's Treatise, Harvard University Press
――（2008）Death and Character, Further Reflections on Hume, Harvard University Press
Buchannan, James　'Frank Knight,' in International Encyclopedia of Social Sciences
Hume, David（1888）*A Treatise of Human Nature*, 1739-1740, edited with analytical index by L. A. Selby-Bigge, Oxford University Press
――（1983a）*The History of England*, vol.1, Liberty Classics
――（1983b）*The History of England*, vol.4, Liberty Classics
――（1985）*Essays Moral, Political and Literary*, edited by Eugene F. Miller, Liberty Fund
――（1993）*Dialogues and Natural History of Religion*, edited by J. C. A. Gaskin, Oxford World Classics, Oxford University Press
Knight, Frank Hyneman（1921）*Risk, Uncertainty, and Profit*, University of Chicago Press

———— (1960) *Intelligence and Democratic Action*, Harvard University Press
———— (1967) 'Laissez Faire: Pro and Con,' in *Journal of Political Economy*, vol.75, pp.783-795
〔邦訳は、ナイト (2009) 所収〕
———— (1982) *Freedom and Reform*, Liberty Press
———— (1982a) "Religion and Ethics in Modern Civilization" (1941), in *Freedom and Reform*, Liberty Press
———— (1982b) "The Meaning of Democracy: Its Politico-Economic Structure and Ideals" (1941), in *Freedom and Reform*, Liberty Press
———— (1982c) "The Sickness of Liberal Society" (1946), in *Freedom and Reform*, Liberty Press
Mandeville, Bernard (1988) *The Fable of the Bees, or Private Vices, Publick Benefits*, in two volumes, an exact photographic reproduction of the edition published by Oxford University Press in 1924, Liberty Fund
Miller, David (1975) *On Nationality*, Clarendon Press, Oxford
Rawls, John (1971) '*A Theory of Justice*' Harvard University Press
Smith, Adam (1976) *The Theory of Moral Sentiment*, edited by D. D. Raphael and A. L. Macfie, Clarendon Press, Oxford
Smith, Norman Kemp (1941) The Philosophy of David Hume, A Critical Study of Its Origins and Central Doctrines, Macmillan
Whelan, Frederick G. (2004) Hume and Machiavelli, Political Realism and Liberal Thought, Lexington Books

桂木隆夫 かつらぎ・たかお

一九五一年東京都生まれ。東京大学大学院法学政治学研究科博士課程修了。学習院大学法学部教授（公共哲学・法哲学）。法学博士。主な著書に、『市場経済の哲学』（創文社）、『新版自由社会の法哲学』（弘文堂）、『自由とはなんだろう』（朝日新聞社）、『公共哲学とはなんだろう』（勁草書房）がある。

筑摩選書 0201

保《ほ》守《しゅ》思《し》想《そう》とは何《なん》だろうか　保《ほ》守《しゅ》的《てき》自《じ》由《ゆう》主《しゅ》義《ぎ》の系譜《けいふ》

二〇二〇年一二月一五日　初版第一刷発行

著者　桂木隆夫《かつらぎたかお》

発行者　喜入冬子

発行所　株式会社筑摩書房
東京都台東区蔵前二-五-三　郵便番号 一一一-八七五五
電話番号　〇三-五六八七-二六〇一（代表）

装幀者　神田昇和

印刷 製本　中央精版印刷株式会社

ISBN978-4-480-01711-6 C0310